窦神来了

古诗词

一学就通

窦昕 ◎ 主编

人民邮电出版社

北京

图书在版编目（ＣＩＰ）数据

窦神来了 : 古诗词一学就通 / 窦昕主编. -- 北京 ：
人民邮电出版社，2021.4
ISBN 978-7-115-56000-1

Ⅰ. ①窦… Ⅱ. ①窦… Ⅲ. ①古典诗歌－诗歌欣赏－
中国 Ⅳ. ①I207.2

中国版本图书馆CIP数据核字(2021)第027431号

◆ 主　　编　窦　昕
　　责任编辑　孙燕燕
　　责任印制　李　东　胡　南
◆ 人民邮电出版社出版发行　　北京市丰台区成寿寺路 11 号
　　邮编　100164　　电子邮件　315@ptpress.com.cn
　　网址　https://www.ptpress.com.cn
　　涿州市般润文化传播有限公司印刷
◆ 开本：700×1000　1/16
　　印张：14.25　　　　　　　2021 年 4 月第 1 版
　　字数：146 千字　　　　　2025 年 4 月河北第 19 次印刷

定价：69.80 元
读者服务热线：(010)81055256　印装质量热线：(010)81055316
反盗版热线：(010)81055315

光荣与梦想

——"大语文"系列丛书总序

穿过一丛金色的墨西哥橘，六岁的小红豆头戴粉盔，骑着一辆有辅助轮的浅粉色自行车前行。在她身后跟着的是三岁的小青豆，身穿蓝色背心，头戴蓝色头盔，滑着一辆海军蓝滑板车。

在这个温哥华的浅蓝清晨，我望着女儿小红豆和儿子小青豆的背影，"捏紧"了久违的放松的心。此刻，我的另一个"儿子"在太平洋彼岸舒展着拳脚，已经名扬神州、纵横四海，他就是十二岁的——"大语文"。

那一年际遇喜人，没落的"大宋皇裔"赵伯奇当时是北京大学游泳队的队长，俊美倜傥的郭华粹正要从英国返回国内，文坛世家陈思正将从哈佛大学启程，卸任了校学生会主席的朱雅特正要入住北京大学教育系设在万柳的高级学生公寓，北京大学辩论队队长"驴火歌王"邵鑫正准备离开校园到社会上去大展拳脚，而本书的主要执笔人——我的表弟张国庆，正收拾行囊欲来北京助我成就大事……那一年，我们大多毕业于北京大学、北京师范大学的中文系，本有着大不相同的人生规划。那一年，我许下了五个耀眼的愿望，如埋下了一粒豆子，让我们相聚在一起，簇拥着走上了同一条人生轨迹。

那一年，种瓜得瓜，种豆得"神"。神奇的"大语文"诞生了。

我的五个愿望：一愿我们投身于校外语文教育，让语文课变得有意思；二愿将"大语文"课程商业化，以丰厚的回报让"大语文"

家庭过上富足的生活，同时让更多"北漂"的卓越人才敢于加入"大语文"队伍；三愿"大语文"课程走向全国，使更多孩子受益；四愿"大语文"课程进入学校，深度补充和影响校内语文教育；五愿"大语文"走向世界，吸引更多华裔及其他汉语学习者，使其对中国文学文化乃至世界文学文化产生浓厚的兴趣。

这是多么伟大的梦想！在被商业繁荣笼罩着的华彩世界里，我们愿意燃烧年轻的生命去照亮"大语文"，或是做烛去点亮"大语文"。

十二年后，当我们作为一家颇具潜力的上市公司被广泛关注时，回首过往，原打算用一生去实现的五个愿望已开始一一实现，而我竟然慢慢"冷却"了心头的欢喜。我对队员说，我现在开始不甘心了，我想留下些许代表作，让这些被汗水、泪水浸泡着的奋斗产生的价值能够长久留存。

那么，什么东西才能长久留存？战国时期最伟大的弩机大师随弩的入土而不闻于世，而孟子的浩然之气、庄子的逍遥自由总让千年后的人们神往。历代精美的琉璃制品、珍珠黄金、烟土枪械、米铺碾坊都随大江东去，罗摩与神猴、罗密欧与朱丽叶、《西游记》与《水浒传》、雨果与左拉、马克·吐温与杰克·伦敦却长久流传。

锐意进取、诚信无欺，精良的产品可以建立百年老店。

回归率真、淡泊功利，生动的文化才能够实现千载流传。

放下商业思维，忘记市场需求、获客成本等并无长久意义的盘算，回到我们出发时的问题：我们为何而来？我们欲往何处？我们的答案是只想做能够千载流传的好东西。

于是，在"大语文"步入青春期时，我们有了新的憧憬，这个憧憬可以命名为"新五大梦想"。第一，完成"大语文"系列丛书的出版，"大语文"系列丛书囊括校内学习、文学文化、写作技巧、课外阅读、非汉语母语者的汉语学习等诸多内容，能够为语文教育和中国文学文化的推广普及做出些微贡献。第二，以教育的视角，制作一部部精良的动漫剧集或真人影视剧，使千年来文学文化史上的关键信息和核心内容得以如"大河小说"一般记录下来。第三，以教育的视角，建立一个个还原各朝代文化场景的互动式文化体验馆，以浸入式话剧及其他高科技的交互方式使孩子们能够身临其境地体验"大语文"系列丛书中所讲述的各个时空场景。第四，研发一系列语文学科的人工智能学习工具，使学生能够低成本、高精度地解决在学语文中遇到的绝大多数问题。第五，牵头制定一项标准，该项标准能对所有汉语使用者（包括母语学习者、华裔非母语学习者、其他族裔非母语学习者、使用汉语的计算机软件）的汉语水平（尤其是对汉语背后的文化的认知水平）在同一体系内进行评价。

又是一粒愿望的豆子种下去，遥望，又是数十年。不知一个或几个十二年之后，我们这个队伍能否将"新五大梦想"一一实现。有了"回归率真、淡泊功利，生动的文化才能够实现千载流传"的"大语文精神"，我衷心地希望"大语文"团队能够永秉对语文教育的赤诚之心，将这"火种"永传下去，不论是熊熊烈焰还是微弱火苗，皆然。

所幸，多年前，我的几位学生也已陆续加入了"大语文"队伍，看来我在他们少年时代埋下的梦想种子已经发芽。

小红豆喜欢绘画，她说她要和我合作画一本绘本，"会赚很多钱，然后送给你。"她说。我问："爸爸平时也不花钱，要那么多钱做什么呢？"小红豆嫣然一笑，她说："你可以用来做更多的书啊！"

这真是种豆得"神"了。

窦　昕

2019 年 8 月于温哥华

阅读说明

——古诗词、文言文应该怎么学

很多同学及家长都特别害怕古诗词和文言文，总是觉得看不懂、翻译不通，这是正常现象。其实你只要掌握一个好的学习方法，就不用再害怕。

各个阶段的古诗词、文言文学习和考查的侧重点是不一样的，我们要从不同角度来看。

现在的部编版语文教材在小学三年级就出现了文言文篇目，出现时间大大提前，但是难度并不大，所以，小学阶段的同学们要注重"通译"和"整体认知"。

什么是"通译"？就是让同学们在充分理解原文的基础上，用自己的话将文章从头到尾准确地翻译一遍。通译有两个要求：第一，字字落实，原文中的每一个字在译文中必须有对应；第二，尽量不改变语序和语气，使译文神似于原文，就好像是原作者用白话重新讲了一遍，这样有助于提高同学们的文言文语感。至于文言文的句式、词类活用等语法不必过分纠结。小学阶段的学生只要能做到正确通译每一篇学过的古诗文，就能在整个小学的文言文学习中名列前茅。

"整体认知"就是要用"知人论世"的方法去学习文言文和古诗词。很多时候，文学、文化背景比作品本身还要重要，因为本阶段的文本其实很简单，但是小学阶段正是给语文打基础的关键时期，同学们要有意识地建立基本的文学、历史脉络。其具体做法就是同学们在学习一首诗或一篇文言文时，要知道作品的写作背景和作者当时的相关经历。将这些文章的时代背景与作者的生平经历整合在一起，就能构建一条基本的文学脉络。不仅孩子需要了解基本的文学脉络，家长也得有所了解。中国历史大体分为几个阶段？文学史又分为几个阶段？家长必须先了解这些通识性的知识，做到心中有数之后，才能正确引导孩子学习。

中学阶段的古诗词和文言文的难度逐渐提高，同学们在学习时要注意两点：知识体系和应用体系（答题体系）。古诗词、文言文的知识体系中最核心的3部分是：实词、虚词和句式。在这3个部分当中，实词又是最重要的，所以，对于实词词义的辨析能力是核心中的核心。为什么实词最重要呢？因为在古诗词和文言文中，虚词的意思是由前后的实词决定的，所以只要理解了实词的意思，就能知道虚词是什么意思；如果知道了实词的意思，也知道了虚词的意思，那么一个句子到底构成什么样的句式，也就能顺理成章地判断出来了；实词、虚词、句式都清楚了，那么接下来在考试中遇到的不管是断句还是翻译等应用问题就都能轻松应对了，这时同学们最多还需要通过考试经验的积累，掌握基本的古诗词、文言文的答题格式和答题技巧。那么针对"实词是核心"这一点，同学们需要做的就是每学一篇古诗词或文言文都要仔细钻研实词的注释，没有注释就查词典，了解文中每一个实词的义项。

如果同学们没有来得及在小学阶段构建文学、历史脉络，那么在中学阶段就需要"亡羊补牢"。

总结：古诗词和文言文的学习不仅需要我们吃透文本本身，尤其是积累实词义项，还需要我们了解作者、了解文本背后的文学背景和时代背景，构建文学脉络。对此，本书中将作品讲解分为"作品简介""作者简介""背景介绍""文本解析""窦神解读""拓展升华""必考必背""真题演练"8个板块，帮助大家轻松、有效地学习文言文。

同学们在使用本书时，建议先阅读："作品简介""作者简介"和"背景介绍"板块，大致把握作者生活的时代背景、相关经历和写作背景，揣测一下作者写作的目的；接着带着问题阅读这些文学大家的精彩文本，遇到不认识的字词先自行推断，然后对照"文本解析"和"窦神解读"的注释与分析来积累记忆；等你完全理解文意之后，就请合上书，感受作者当时的心境，用自己的话把原文逐字翻译一遍（最好动笔写下来）；本书中的"必考必背"板块，还直接帮同学们梳理了作品中最重要的语句，一定要背下来；最后，同学们还可以在"真题演练"板块检验一下刚刚学到的知识，小学就可以做对中考题，不要太惊讶哦。通过这样的学习，同学们的古诗词、文言文水平一定能稳步提高，也一定不会再惧怕文言文了！

作品简介： 简单介绍作品的基本信息。

作者简介： 简单介绍作者的基本信息。悄悄说一句，此部分内容都是很重要的文学常识！

背景介绍： 包括时代背景（文学背景）、人物生平和写作背景等几个部分，主要谈一谈当时的历史事件，扒一扒诗人的别样人生，挖一挖小道的生活八卦。作品背后的故事都在这里。

文本解析： 精准详细的注释、行云流水的翻译，帮你轻松疏通文意。重点字词的含义一定要积累下来！

窦神解读： 本书主编窦昕老师为你个性化解读作品中的重点、难点和趣点，观点独家，别无分号哟！

拓展升华： 剖析内涵、拓展知识，从优秀文学作品中获得启示！你学完之后有什么感悟呢？

必考必背： 帮你梳理作品中经常考查的经典语句，一定要背诵哦！

真题演练： 配备对应的中考真题、模拟题，让你学完就能小试牛刀。

目 录

蒹 葭

——秦国人写的动人情诗

蒹 葭

蒹葭苍苍，白露为霜。

所谓伊人，在水一方。

溯洄从之，道阻且长。

溯游从之，宛在水中央。

蒹葭萋萋，白露未晞。

所谓伊人，在水之湄。

溯洄从之，道阻且跻。

溯游从之，宛在水中坻。

蒹葭采采，白露未已。

所谓伊人，在水之涘。

溯洄从之，道阻且右。

溯游从之，宛在水中沚。

扫码听音频

作品简介

名称：《蒹葭》

出处：《诗经》

年代：西周初年到
春秋中叶

体裁：四言诗

《诗经》简介

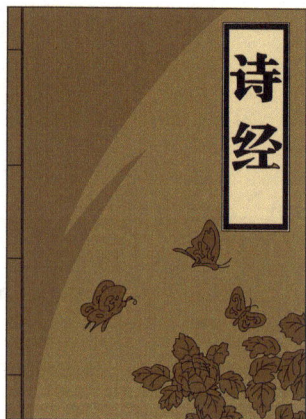

别名：《诗》《诗三百》

成书年代：约公元前 6 世纪

《诗经》六义：风、雅、颂、
赋、比、兴

地位：中国第一部诗歌总集

作品：《关雎》《蒹葭》《采薇》等

背景介绍

文学背景

1. 诗歌的起源

诗歌是怎么来的？关于诗歌的起源有三种说法。第一种说法，人们对自然界中的鸟兽叫声进行模仿，就成了最早的诗歌。最早的诗歌可能很难用文字来表述，其内容类似于"叽叽""咕咕"等。第二种说法，巫师、祭司在祭祀的时候，口中念叨的咒语和跳舞时唱的巫歌是诗歌的起源。第三种说法是"劳动说"，即人们在劳动的时候发出的"啊""哎""呀"等这样的语气词或者口中喊的劳动号子，慢慢地形成了诗歌。有记录的中国最早的上古先民劳动号子是《淮南子·道应训》中的"邪（yé）！许（wú）！"①。

2.《诗经》的起源

《诗经》是中国最早的诗歌总集，那《诗经》又是怎么来的呢？关于《诗经》的起源有好几种说法，有"采诗说""献诗说""删诗说"等，我们只讲一个最主流的说法，"采诗说"。

春秋时期，周天子派了许多采诗官去往全国各地，他们的主要任务就是去各地体察民情民风，并且采集民歌，谱曲唱给周天子。

采诗官们走南游北，阅历丰富，将知识从一个地方传播到另一个地方，他们成了中国最早的知识传播者，也成了中国最

---

① 《淮南子·道应训》："今夫举大木者，前呼邪许，后亦应之，此举重劝力之歌也。"

3

早的教育工作者。采诗官手里拿着一个叫"铎"的东西，这个东西像铃铛一样，外壳是金属做的，里面有舌，一摇就会"叮叮当当"地响。

"铎"在今天其实也能见到。"铎"代表知识和教育，中国许多大学的校徽或建筑就与采诗官手里的铎有关。北京师范大学是专门培养教育工作者的，不仅校徽是"铎"，其主楼前面还有一个很大的建筑，就是一个灰黑色的"铎"的雕塑。

采诗官们采集到民歌之后，暮春时分就会排着整齐的队伍来到周天子的大殿上，向天子唱诗。想象一下，上千个采诗官集体向周天子唱诗，声势定是颇为浩大的。正是这些采集来的民歌构成了《诗经》的主体。

3.《诗经》六义

《诗经》有六义——风、雅、颂、赋、比、兴，即风、雅、颂三种诗歌形式和赋、比、兴三种表现手法。

　　《诗经》按诗歌形式分为风、雅、颂三部分。"风"是十五国风，是指在周朝统治之下十五个地区的民歌，即"风土之音"；"雅"有大雅和小雅之分，是士大夫们所作的诗歌，即"朝廷之音"，但"雅"里面也有一小部分的民歌；"颂"主要是祭祀乐歌，即"宗庙之音"，如《鲁颂》《商颂》等。

　　风、雅、颂的主体是"风"，文学成就最高的也是"风"。《楚辞》里文学成就最高的是《离骚》，所以古人把"风"和"骚"并举，合称"风骚"，表示有文化、有文采的意思。"风"包括《周南》《召（shào）南》《邶（bèi）风》《鄘（bì）风》《卫风》《王风》《郑风》《齐风》《魏风》《唐风》《秦风》《陈风》《桧风》《曹风》《豳（bīn）风》，共一百六十篇，合称"十五国风"。

　　《诗经》里的作品的表现手法有赋、比、兴。"赋"就是平铺直叙，《诗经》里的绝大多数诗歌都用到了这种手法；"比"就是把一物与其他事物作比，类似于今天的比喻这一修辞手法；"兴"就是起兴，用其他东西引出要说的内容，如"关关雎鸠，在河之洲"，本来要说的是君子和淑女之间的恋情，但开头暂时不提，而是先说河边的水鸟，这就叫"兴"。

4.《诗经》的影响

《诗经》对后世的影响极大，孔子也很推崇它。《论语》里写道："子曰：'小子何莫学夫《诗》？《诗》，可以兴，可以观，可以群，可以怨。迩之事父，远之事君；多识于鸟兽草木之名。'"翻译过来就是，"孔子说：'你们怎么能够不学《诗经》呢？《诗经》可以用来激发情志，可以用来观察自然和社会，可以用来结交朋友，可以讽刺和怨憎那些不平的事情。《诗经》近可以用来侍奉父母，远可以用来侍奉君王，还可以从中知道好多生物的名字。'"可见，《诗经》太厉害了，我们必须学。

5. 秦风

"秦风"指秦国的民风民歌。秦国的统治区域相当于现在甘肃省的东南部地区加上陕西省的大部分地区。因为秦国靠近游牧民族的地域，边关经常打仗，所以秦国明显比同时期的其他几个国家更"凶悍"。秦人慷慨豪迈，《秦风》中时常表现其豪壮粗犷的情感。

微课扫一扫

《诗经》共有三百零五篇诗歌，所以《诗经》又称《诗三百》。"十五国风"的一百六十篇诗歌中，秦风有十篇。这十篇诗歌大多是描绘打仗、打猎的场景以及讽喻君王的，唯独这一篇《蒹葭》柔情似水，被后世认为是一首浪漫婉转的爱情诗歌。当然，也有人认为《蒹葭》是在讽刺秦王找不到人才，很难用周礼来治国等，但是主流的看法还是这是一首写爱情的诗歌。

文本解析

蒹 葭[①]

蒹葭（jiān jiā）苍苍[②]，白露为霜。所谓[③]伊人[④]，在水一方[⑤]。

① 蒹葭：芦苇。蒹，没有长穗的芦苇。葭，初生的芦苇。

② 苍苍：茂盛的样子。

③ 所谓：所说的，此处指所怀念的。

④ 伊人：那人，指所爱的人。

⑤ 在水一方：在水的另一边，指对岸。

那河畔的芦苇显出深青色，显得郁郁葱葱。在这深秋的日子里，天上降下的白露凝结在芦苇上结成了白霜。那位让我日思夜想的心上人，好像就在对面的河岸上。

溯洄[①]（huí）从[②]之，道阻[③]且长。溯游[④]从之，宛[⑤]在水中央。

① 溯洄：逆流而上。

② 从：跟随、追寻。

③ 阻：艰险。

④ 溯游：顺流而下。

⑤ 宛：好像。

我顺着河流的方向逆流而上去追寻她，这条路既艰险又很漫长。我顺着河流的方向顺流而下去追寻她，我仿佛看到她就在这水的中央。

蒹葭萋萋①，白露未晞②（xī）。所谓伊人，在水之湄③（méi）。

① 萋萋：茂盛的样子。

② 晞：干。

③ 湄：岸边，水与草地交接的地方。

河畔那芦苇长得一片茂盛，清晨残留在这草叶上的白露还未被升起的太阳完全晒干。那位让我日思夜想的心上人，她就在对岸水和草地交接的地方。

溯洄从之，道阻且跻①（jī）。溯游从之，宛在水中坻②（chí）。

① 跻：（路）高而陡。

② 坻：水中的高地。

我顺着河流的方向逆流而上去追寻她，这条路既艰险又高而陡。我顺着河流的方向顺流而下去追寻她，她好像就在这水中间的一块高地上。

蒹葭采采①，白露未已②。所谓伊人，在水之涘③（sì）。

① 采采：茂盛鲜明的样子。

② 未已：没有完，这里指没有干。

③ 涘：水边。

这河畔的芦苇显得更加茂密而繁荣，草叶上残留的白露还没有完全消失。那位让我日思夜想的心上人，好像就在对岸的水边。

溯洄从之，道阻且右^①。溯游从之，宛在水中沚^②（zhǐ）。

① 右：向右迂曲。

② 沚：水中的小块陆地。

我顺着河流的方向逆流而上去追寻她，可是这条道路既艰阻又迂回曲折。我顺着河流的方向顺流而下去追寻她，我的心上人仿佛就在这水中的小块陆地之上。

🔖 窦神解读

1. 蒹葭和白露

蒹葭即芦苇，本诗用到了芦苇和白露的意象，其实从这里我们就能知道它是在写爱情。芦苇本来就是爱情的象征，它长得很高，随风飘荡，就像爱情一样让人难以捉摸，但是它又离不开它的根，所以芦苇被当作爱情的象征。白露就更加明显了，我们常说"如露亦如电"，世间美好的事物就像露水和闪电一般稍纵即逝，爱情亦是如此，所以用白露来比喻爱情是很常见的。这首诗反复提到芦苇和白露，其实就印证了这是一篇写爱情的诗歌。

2. 水中的各种陆地

诗歌中提到了"沚"和"坻"，都指的是水中的陆地，"洲"也指的是水中的陆地，这三者之间有什么区别呢？

"沚"比"坻"大，而"洲"又比"沚"大。其实还有一个"渚"，"水中可居曰渚"，"渚"比"洲"小一点，所以水中可居的陆地大小的顺序应该是："洲"最大，第二是"渚"，第三是

"沚"，最小的叫"坻"。在《蒹葭》里，水中的陆地面积在慢慢变大，最开始感觉心上人就在水面上漂着，足不点地，后来到水中的"坻"上，最后仿佛站在"沚"上，这是不是在暗示心上人越来越"实在"，与"我"的距离越来越近了呢？

3.《诗经》中的复沓写法

《蒹葭》这篇诗歌有三段内容，每一段都极其相似，只改动了几个字，这就叫复沓。这种写法在《诗经》里非常常见，这种一唱三叹的手法能让读者在感受诗歌的韵律美的同时体会诗歌的变化，从而感受到惊喜和细微变化的美好。

4. 诗的节拍变迁

《诗经》中大多都是四言诗，什么是四言诗？就是每句都有四个字，间或出现一句有五个字的情况。古体诗[①]里诗歌最初的形式就是四言，而且这些四言诗极少是"一三""三一"型节拍，绝大多数都是"蒹葭 / 苍苍""在水 / 一方""东临 / 碣石""以观 / 沧海"这种最原始、最淳朴的"二二"型节拍。这就好比一个完全不懂音乐的人，可以打出持续不间断的、没有变化的节拍，可是如果让他打更加复杂的节拍他就会手忙脚乱了。所以，诗歌最原始的节拍是"二二"型节拍。

之后，随着诗歌的发展，人们要求在整齐中加入一些变化，于是五言诗就出现了。在四言诗的基础上发展起来的五言诗，其节拍变成了"二三"型且富于变化，比如大家最熟悉的"床

---

① 唐代产生的律诗、绝句等有严格格律要求的古诗被称为近体诗，其他没有格律规则束缚的古诗则被称为古体诗。

前 / 明月光"。正是这种节拍的变化导致了五言诗的兴盛，因为它明显比四言诗灵活又有趣得多。四言诗太呆板了，世界上哪有流行歌曲的节拍是一直不变的"二二"型呢？再后来，在五言诗的基础上又产生了七言诗，七言诗的节拍是哪种类型呢？是"四三"型。如"远上寒山 / 石径斜""秦时明月 / 汉时关"等。这就是诗歌节拍的变迁。

拓展升华

秦国是一个充满尚武精神的国家，诗歌的常见题材是打仗、打猎、劝诫君王。《秦风》的十篇诗歌里，只有这一首《蒹葭》是温文尔雅、婉转悱恻的。而这篇诗歌抒发情感的技艺又是如此高超，让人不敢相信这是秦国人写出来的。后世对《蒹葭》的评价极高，皆认为《蒹葭》不是在写实，而是在写虚。它讲的是一种现象，是一种人对美好事物（可能是爱情、事业，也可能是学业）苦苦追求却求而不得的状态。《蒹葭》写的就是这种求而不得又不舍放弃、继续上下求索的执着，以为就要够着却又够不着的遗憾。

古往今来，流传千古的作品往往写出了作者的心相，写出了人类的共同感受，这样的作品才能经过时光的磨砺而焕发更大的光彩。

必考必背

1. 蒹葭苍苍，白露为霜。所谓伊人，在水一方。
2. 溯洄从之，道阻且长。溯游从之，宛在水中央。

真题演练

阅读下面这首诗，回答1～2题。（2016年河北省中考题）

蒹 葭

蒹葭苍苍，白露为霜。所谓伊人，在水一方。
溯洄从之，道阻且长。溯游从之，宛在水中央。
蒹葭萋萋，白露未晞。所谓伊人，在水之湄。
溯洄从之，道阻且跻。溯游从之，宛在水中坻。
蒹葭采采，白露未已。所谓伊人，在水之涘。
溯洄从之，道阻且右。溯游从之，宛在水中沚。

1. 请解释这首诗中画线的句子。

   译文：_____

2. 下列对这首诗的理解和分析，不正确的项是（   ）。

   A. 这首诗每章开头两句写景，渲染了萧瑟冷落的气氛，烘托了主人公凄婉惆怅的心情

   B. 这首诗三次运用"宛"字，给人以迷迷茫茫、若隐若现的感觉

   C. 这首诗运用重章叠句的形式反复咏唱，表达了缠绵无尽的情感，委婉动人

   D. 这首诗表现了主人公对意中人执着追寻的精神以及可望而不可及的绝望情绪

（答案见附录）

关 雎

——春秋时期的正统婚恋观

关 雎

关关雎鸠，在河之洲。

窈窕淑女，君子好逑。

参差荇菜，左右流之。

窈窕淑女，寤寐求之。

求之不得，寤寐思服。

悠哉悠哉，辗转反侧。

参差荇菜，左右采之。

窈窕淑女，琴瑟友之。

参差荇菜，左右芼之。

窈窕淑女，钟鼓乐之。

扫码听音频

作品简介

名称:《关雎》

出处:《诗经》

年代: 西周初年到春秋中叶

体裁: 四言诗

《诗经》简介

别名:《诗》《诗三百》

成书年代: 约公元前 6 世纪

《诗经》六义: 风、雅、颂、赋、比、兴

地位: 中国第一部诗歌总集

作品:《关雎》《蒹葭》《采薇》等

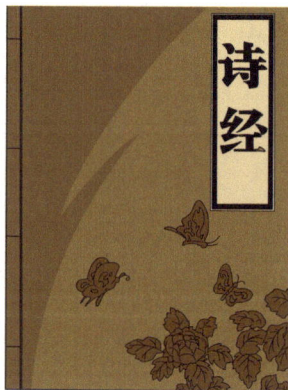

背景介绍

文学背景

1.《诗经·周南》

《诗经》是中国文学史上第一部诗歌总集,第二部诗歌总集是《楚辞》。《诗经》是中国古典文学中现实主义的源头,而《楚辞》则是浪漫主义的源头。

之前已经提到,《诗经》在内容上分为风、雅、颂三个部分:"风"是周朝各地的歌谣,包括"十五国风";"雅"是周人的正声雅乐,又分《大雅》和《小雅》;"颂"是周王庭和贵族宗庙祭祀的乐歌,又分为《周颂》《鲁颂》《商颂》等。《关雎》出自《诗经·周南》。

周南地区指周王都的南部,大致是今天的陕西省、河南省和湖北省的交界处,在当时是辅佐周成王的周公姬旦(相传《周礼》是由周公所作)管理统治的地方,所以《周南》里的篇目一般都非常典雅,合乎"礼"。杜预说:"《周南》《召南》,王化之基也。"

2.《诗经》中的择偶观

除了《关雎》,《诗经·周南》里还有一首特别有名的《桃夭》。

桃 夭

桃之夭夭,灼灼其华。之子于归,宜其室家。

桃之夭夭,有蕡(fén)其实。之子于归,宜其家室。

桃之夭夭,其叶蓁(zhēn)蓁。之子于归,宜其家人。

说到"桃之夭夭"，大家第一时间想到的可能是"逃之夭夭"。"逃之夭夭"这个词语其实用了一种叫"飞白"的修辞手法，即明知错误，却故意仿效错误以达到滑稽、搞笑的目的。

《桃夭》这篇诗歌共有三段话，每一段都大概写出了中国古代男子择偶的期待。第一个期待是"灼灼其华"，意思就是妻子要长得像桃花一样美丽。这一点从古至今都没有改变，"爱美之心，人皆有之"，人们一直怀揣着对美的追求。虽然说外在美只能取悦一时，内在美才能经久不衰，但是古今中外，人们对于外在美还是非常在意的。

希腊神话的特洛伊战争中，几个国家大战只为争得海伦王后，她倾国倾城的美貌让人们记忆犹新；周幽王烽火戏诸侯，褒姒一笑而西周灭，让人们对褒姒的笑颜记忆犹新；西施作为越国派到吴国的"间谍"，使吴国灭亡，我们记忆犹新……人们对于美貌的追求似乎亘古未变，因此古人对自己未来妻子的第一个期望就是长得美。

那么在古人的眼里，什么样才算长得美呢？《诗经·卫风·硕人》给出了标准："手如柔荑，肤如凝脂，领如蝤蛴（qiúqí），齿如瓠犀（hùxī），螓（qín）首蛾眉。巧笑倩兮，美目盼兮。"简单翻译就是手又嫩又细、皮肤又滑又白、脖子又长又白、牙齿又整齐又白，有丰满的前额、弯弯的眉毛、甜甜的笑容和灵动的眼睛。

继续说回择偶观，《桃夭》中男子择偶的第二个期望是"有蕡其实"，意思是结出的果实又大又多，也就是希望自己未来的妻子能生很多孩子。

第三个期望是"其叶蓁蓁"，意思是树叶茂盛的样子。对此有两种说法，第一种说法认为这代表子孙满堂、开枝散叶；第二种说法认为这是希望妻子善于处理人际关系，使家庭和睦。

这就是《诗经》所代表的择偶观。

这就是我的意中人了！

3.《诗经》中的婚恋观

《诗经》中有大量歌颂爱情、婚姻的诗，我们提到的就有《蒹葭》《桃夭》《硕人》《关雎》等，选入中学教材的作品也主要是这类诗。中学教材中还有《卫风》中的《氓》。

《氓》的篇幅非常长，以一个女子的口吻讲述了一个爱情悲剧。内容概要如下："从小就认识的一个男子嘻嘻地笑着抱着布来跟我换丝，他其实不是来跟我换丝，而是来跟我商量婚事。占卜之后预兆很吉祥，于是他就用马车驮着我的嫁妆带我去他家一起组成了家庭。可是没想到过了几年，我没有犯任何错误，他对我的言行和心意却有了变化。于是我就赶着马车驮着嫁妆回娘家，不跟他在一起了。"

这首诗实际上反映了先秦时期相对自由的婚恋观，女性在爱情和婚姻中有一定的自主权，可以自己选择结婚对象，婚后生活不幸福也可以直接"离婚"。而到了宋明时期，女子只可以被丈夫休掉，而不能提出离婚，连丈夫去世后想要改嫁也不可以。

4.中国的"第一首诗"

《关雎》可以称为中国的"第一首诗"，因为中国的第一部诗歌总集是《诗经》，《诗经》的第一部分是《国风》，《国风》的第一部分是《周南》，而《周南》里的第一首诗就是《关雎》。

微课扫一扫

《关雎》不仅被放在《诗经》三百零五篇诗歌里最前面的位置，而且是《诗经》三百零五篇诗歌中唯一一篇在《论语》里被提到的。为什么《关雎》有如此独特、崇高的地位呢？可能有如下几个原因。

第一，《关雎》是一首快乐的诗。这首诗基本可以确定是在正式婚礼中演奏的诗歌，也就是古代的"婚礼进行曲"。周天子派采诗官摇着木铎到处采诗，最终形成《诗经》这部重要的诗歌集，因此，诗歌集的开头肯定是欢乐、明快的作品。

第二，《关雎》是一首写婚姻的诗。《毛诗序》写道："（《关雎》是）风之始也，所以风天下而正夫妇也。"婚姻，是夫妇之间的事，也是人生最重要的事情之一。因为天下是由一个个家庭组成的，而家庭又是以夫妇为核心的，稳定的婚姻关系是社会稳定的一个基础。天下大伦，夫妻之伦。

第三，《关雎》是一首写爱情的诗。《礼记·礼运》中写道："饮食男女，人之大欲存焉。"人类最基本的欲望无非两个，一个是吃饱肚子，另一个就是谈情说爱。吃饱肚子这个欲望很容易满足，但是爱情是个"古怪"的东西，飘忽不定，让人迷惘，所以统治者想让人民吃饱比较简单，想满足所有人对爱情的欲望就非常难。

第四，《关雎》所歌颂的，是一种感情克制、行为谨慎、以婚姻和谐为目标的爱情，所以当初编纂《诗经》的人觉得它堪称典范，就将它放到了《诗经》的开篇。

文本解析

关 雎

关关①雎（jū）鸠②，在河之洲③。窈窕④（yǎo tiǎo）淑女，君子⑤好逑⑥（qiú）。

① 关关：象声词。

② 雎鸠：一种水鸟，一般认为就是鱼鹰，传说它们雌雄形影不离。

③ 洲：水中的陆地。

④ 窈窕：文静美好的样子。

⑤ 君子：受过良好教育的、品德美好的男子。

⑥ 好逑：好的配偶。逑，配偶。

"关关，关关"，毛色洁白的雎鸠在河中央的沙洲上鸣叫。美丽、品德好又贤淑的女孩子，正是君子的好配偶。

参差①（cēn cī）荇（xìng）菜②，左右流之③。窈窕淑女，寤寐④（wù mèi）求⑤之。

① 参差：长短不齐的样子。

② 荇菜：一种可食的水草。

③ 左右流之：时而向左、时而向右地择取荇菜。流，指求取。

④ 寤寐：寤，醒来；寐，睡着。指日日夜夜。

⑤ 求：追求。

长短不一的荇菜，她从船的两侧轻松地捞取。像她这样贤良淑德的女子，我日日夜夜都想要追求她。

求之不得，寤寐思服①。悠②哉悠哉，辗转反侧③。

① 思服：指思念。思，语气助词；服，思念。

② 悠：忧思的样子。

③ 辗转反侧：翻来覆去，不能入眠。

追求她没有成功，于是我日夜牵挂。忧思不断，我躺在床上翻来覆去难以入眠。

参差荇菜，左右采之。窈窕淑女，琴瑟友之①。

① 琴瑟友之：弹琴鼓瑟对她表示亲近。

长短不一的荇菜，她从船的两侧轻轻地采摘。像她这样贤良淑德的女子，我要弹琴鼓瑟对她表示亲近。

参差荇菜，左右芼①（mào）之。窈窕淑女，钟鼓乐之②。

① 芼：挑选。

② 钟鼓乐之：敲钟击鼓使她快乐。

长短不一的荇菜，她从船的两侧仔细地挑选。像她这样贤良淑德的女子，我要敲钟击鼓去取悦（迎娶）她。

窦神解读

1.《关雎》的层次结构

《关雎》这篇诗歌可以分为三个层次。

八个字算作一句，前两句是全诗的第一个层次，总起全文，点明了诗歌的主旨——"窈窕淑女，君子好逑"。

第二个层次是三、四、五、六句，"寤寐求之"和"求之不得"是连在一起的，这个部分写的是男子追求女子的真实情况，有现实主义色彩。

最后四句是诗歌的第三个层次，写男子已经追求到了女子，二人步入婚姻的殿堂。这里是虚写，具有浪漫主义色彩，甚至可能是诗中男子的想象或者梦境。

2. 雎鸠

雎鸠是中国特产的珍稀鸟类，因为头顶的冠羽让雎鸠看起来颇具王者气度和风范，所以古人也叫它王雎。（《尔雅·释鸟》："雎鸠，王雎。"）

诗的开头写到雎鸠，可以理解为《诗经》表现手法"赋、比、兴"当中的"兴"，即起兴，朱熹解释为"先言他物以引起所咏之辞"。因为雎鸠总是成双成对地出现，而且毛色纯白，容易让人从雎鸠联想到纯洁的爱情。但是也有人把开头两句理解为"赋"，即铺陈、铺叙，说这就是作者在河边看到的真实景象，这也说得通。

3. 双声词和叠韵词

《诗经》里有很多诗都有着自然的韵律美，例如本诗中的"参差"和之前学的"蒹葭"二词读起来就很有韵律美。

在"参差"一词中，"参"和"差"的声母相同；在"蒹葭"中，"蒹"和"葭"的声母相同，这样的词叫作双声词。双声词本身就有很自然的韵律美。

除了双声词，《诗经》中还常常出现叠韵词。叠韵的意思就是组成词语的两个字的韵母相同，古声调的分类（平、上、去、入）也相同，如本诗中的"窈窕"。叠韵词和双声词一样，读来也有韵律美。

4. 采摘荇菜的不同动作

这首诗中，关于淑女采摘荇菜的描写有三句："参差荇菜，左右流之""参差荇菜，左右采之"和"参差荇菜，左右芼之"。这三句的内容几乎完全相同，只有描写女子采摘荇菜所用的三个动词不一样，"流""采"和"芼"这三个词有什么内涵和区别呢？

在诗里，男子追求女子的过程中，女子一直在采摘荇菜，但是随着男子追求的深入，女子采摘荇菜的动作发生了变化。

最开始是"流",意思是手伸进水里,任由荇菜从指缝间流过,显得很随意、不上心,暗示女子刚刚受到追求时非常矜持,不为所动。后来,女子采摘荇菜的动作变成了"采","采"字的甲骨文就是一只手在采摘树上结满的果实,有精挑细选的意思。最后,等到这个男子已经"琴瑟友之""钟鼓乐之"的时候,女子的动作成了"芼"。"芼"是"精心择取、挑选"的意思,说明这位女子在精心选择之后接受了男子,与其步入了婚姻的殿堂。

"采"的甲骨文

"流""采""芼"这三个动词,实际上是反映了女子在被追求的过程中细腻的心理变化。

📗 拓展升华

孔子说《关雎》"乐而不淫,哀而不伤",《关雎》既赞美男女之爱这种自然而正常的感情,又要求人们对这种感情加以克制。所以,后世之人往往各取所需的一端,加以引申发挥。所谓"诗无达诂"(语出董仲舒,意思是对于《诗经》没有通达的或一成不变的解释,因时因人而有歧义),于《关雎》可见一斑。

📗 必考必背

1.关关雎鸠,在河之洲。窈窕淑女,君子好逑。
2.求之不得,寤寐思服。悠哉悠哉,辗转反侧。

真题演练

阅读下面这首诗，回答 1～2 题。（2020 年陕西省中考题）

关　雎

关关雎鸠，在河之洲。窈窕淑女，君子好逑。

参差荇菜，左右流之。窈窕淑女，寤寐求之。

求之不得，寤寐思服。悠哉悠哉，辗转反侧。

参差荇菜，左右采之。窈窕淑女，琴瑟友之。

参差荇菜，左右芼之。窈窕淑女，钟鼓乐之。

1. 请简要概括本诗中心。

_____

2. 下列对于本诗的理解与分析，不正确的一项是（　　）。

A. 本诗采用了一些双声叠韵的连绵字，增强了诗歌音调的和谐美和描写人物的生动性

B. 诗歌五节反复吟咏，逐步表现了君子追求淑女的过程，词句的反复，节省了诗歌的创作时间

C. 本诗主要表现手法是"兴"，如以荇菜流动无方，兴淑女之难求。这种手法能使表情达意含蓄委婉

D. "辗转反侧"用翻来覆去无法入眠生动形象地写出了君子对淑女的思念之深，抒发了"求之不得"的苦恼

（答案见附录）

短歌行

——"曹氏集团"最诚挚的招聘启事

短歌行

[东汉] 曹操

扫码听音频

对酒当歌，人生几何！

譬如朝露，去日苦多。

慨当以慷，忧思难忘。

何以解忧？唯有杜康。

青青子衿，悠悠我心。

但为君故，沉吟至今。

呦呦鹿鸣，食野之苹。

我有嘉宾，鼓瑟吹笙。

明明如月，何时可掇？

忧从中来，不可断绝。

越陌度阡，枉用相存。

契阔谈䜩，心念旧恩。

月明星稀，乌鹊南飞。

绕树三匝，何枝可依？

山不厌高，海不厌深。

周公吐哺，天下归心。

📘 作品简介

名称:《短歌行》

出处:《曹操集·诗集》

年代: 东汉

体裁: 四言诗

📘 作者简介

作者: 曹操，字孟德，小字阿瞒

生卒年: 155—220 年

籍贯: 沛国谯县［今安徽亳（bó）州］人

成就: 东汉末年杰出的政治家、军事家，三国时期曹魏政权的奠基人；书法家、文学家，开创建安文学

作品:《短歌行》《观沧海》《龟虽寿》《蒿里行》等

背景介绍

文学背景

1. 三曹：厉害的家族

"三曹"是曹操与其子曹丕、曹植的合称，父子三人个个都是高手。曹操是政治家、军事家、文学家（建安文学的开创者），在他的影响下，建安时期的文学非常繁荣。他的四言诗成就最高，著名的诗篇有《观沧海》《龟虽寿》《短歌行》等。曹丕是政治家、文论家，他擅长诗文，以七言诗成就最高，其中《燕歌行》是中国最早的七言古体诗。其所著的《典论》中的《论文》是中国文学批评史上第一部系统的文学批评专著。曹植是第一位大力写作五言诗的文人，他的五言诗成就最高，他的诗也是由乐府民歌向文人诗转变的杰出代表作。"三曹"经常与"三苏"并提，但是综合来看，"三苏"的实力稍弱，因为苏洵和苏辙只有文章成就高，不像苏轼诗、词、书、画、文均独步天下。而"三曹"中的每个人在文学的各个方面都有建树，他们是中国古代文学史上最厉害的家族之一。

2. 建安文学

在东汉末年的建安时代兴起的文学思潮叫建安文学。当时，有不少文人创作诗歌，文人诗的发展在此时出现了第一个小高潮。在这之前的诗歌，不管是产自黄河流域的民歌《诗经》，还是以楚地民歌为主的《楚辞》，抑或集各地民歌和朝廷典乐等于一体的《汉乐府》，文人都很难在一首诗里表达自己独特的志向和思想感情。但是在东汉末年，在建安文学的影响下，不仅是"三曹"，还有"建安七子"以及中国古代四大才女之一的蔡文姬都创作了很多文人诗。

曹操生平

1. "人狠话不多"的实干家

说到曹操，大家很容易想到《三国演义》里那个"宁教我负天下人，休教天下人负我"的奸雄形象。但是《三国演义》里的曹操与历史上真正的曹操还是有差距的。

《三国演义》中对曹操的外貌描写只有八个字"身长七尺，细眼长髯"。关于曹操的真实身高，史书中并无确切的记载。

文学作品中的曹操非常自信、自负，为人奸诈。有一次，司徒王允请大家吃饭，希望和大家一起想办法对抗董卓。其他人都觉得无能为力，只有曹操在一旁笑。曹操说：这有何难，给我一把刀，我把他杀了便是！虽然后来曹操在行刺董卓的时候未能成功，但他至少敢于行动。对比刘备，当他想除掉擅权、专权的曹操时，关羽正要出手，刘备却把关羽拦住了，因为他有很多顾虑。所以事实证明，曹操是个为人果决的实干家。

曹操刺杀董卓失败后被董卓四处通缉追杀，在逃亡的过程中杀了吕伯奢全家，可见他残忍而多疑。曹操年少时还曾装病诓骗叔父，离间父亲和叔父，让父亲失去对叔父的信任，可见他从小就狡猾善变。后来他带兵打仗，下令不得毁坏农田，违令者斩，结果他自己的马受惊了，踩坏了农田。曹操说：我也违反了自己定下的纪律，我应该割脑袋！手下赶紧极力劝阻，于是曹操说：既然大家都不同意，那我就用我的头发来代替我的首级。曹操这样做既立了军威，稳定了军心，又体体面面地把这个事情给解决了。

2. 自信的乐天派

在《三国演义》中，曹操一直都在笑。他在赤壁之战中输了，被迫战略撤退；当他走在北归的路上，看到一处险要之地时突然开始大笑，并说道："哎呀，诸葛村夫，真是见识短浅啊！周瑜小儿真是没有经验啊！要是在这里再埋伏一队兵马，我不就死在这里了吗？"话音刚落，忽听得一声叫喊："我赵子龙奉军师将令，在此等候多时了！"原来是遇上赵云了，结果曹操的军队在此处折损了一半。军队接着向北逃，又到一处险要之地，曹操又大笑着说："哎呀，诸葛村夫，真是百密一疏呀，周瑜这小儿真是自大，要是在这里设下埋伏，我可就插翅难逃了！"话音刚落，只听得一声霹雳暴喝："操贼走哪里去！"这时，长得豹头环眼的猛张飞不知从哪儿冒了出来，他又把曹操的军队干掉了大半，这时曹操的军队只剩下原来的四分之一了。曹操慌乱地继续向北逃，从葫芦口一路走到华容道，已经没剩下几个兵了。这时候他看到华容道如此狭窄，又笑了。他的部下捏了一把冷汗，欲哭无泪地说："丞相啊，求您别笑了行吗？您这是想让我们死在这儿啊！"曹操说没事，接着又是那一套说辞："诸葛村夫，你千算万算还是失算了，周瑜小儿还是棋差一招啊……"就在这个时候，忽听得"砰砰"两声炮响，关羽出来了，他手提青龙偃月刀，坐于马上，说道："关羽在此，丞相多日不见！"曹操就是这样一个人，一直保持乐观自信，又深不可测。

3. 慧眼识人的曹操

从《三国演义》中，我们可以看出曹操是一个慧眼识珠的人。赤壁之战前他远远地看见孙权在练兵，自己有八十几万大军，而孙权只有几万兵马，孙权却指挥若定，一点都不慌，他感慨说："生子当如孙仲谋啊！"意思是生儿子就要像孙权一样优秀。

微课扫一扫

在曹操还没有一家独大的实力时，他曾经和刘备青梅煮酒论英雄。曹操说，龙"大则吞云吐雾，小则隐介藏形"，暗示自

己就是大龙，在如今天下群雄中居于前列；而刘备虽然现在相当于是倒数第一名，但是他觉得刘备是小龙，万一哪天就一飞冲天了呢？于是曹操问刘备："咱们班中谁最后能在全国高考中获得语文考试第一名呀？"刘备说："这我可不知道。"曹操说："你可以试着说说。"刘备说："班长袁绍行不行？你看他那么厉害，还是班里的第一名。"曹操说："袁绍不行，他色厉胆薄，好谋无断，干大事而惜身，见小利而忘义。"于是刘备接着说："那副班长袁术行不行？"曹操说："他也不行。"刘备又说："我们班那个刘表每年都是三好学生，他行不行？"曹操说："他也不行，徒有虚名。""那韩遂、张鲁、张绣这些人呢？"曹操说："得了吧，此等碌碌小人何足挂齿。"最后刘备把问题抛回去，说："那您说谁能拿第一？"曹操说："将来能考全国第一的，只可能是我曹操和你刘备。"虽然刘备当时什么都没有，但曹操却很看好他，可见曹操的眼光多么独到。

4. "奸雄"还是"英雄"

在《三国演义》中，许劭评价曹操是"治世之能臣，乱世之奸雄"。就是说在太平盛世，曹操是国家栋梁，是一个有才干的人；倘若国家有变，他就会乘势而起，挟天子以令诸侯，成为扰乱天下的奸雄。在史书《三国志》和《后汉书》中，关于许劭评价曹操的记载略有出入。在历史上，曹操是个大英雄的形象，他奖励耕战，轻徭薄赋。当时社会的主要矛盾是门阀士族与底层老百姓的矛盾。门阀士族是利益的既得者，他们的一些做法使得底层的老百姓怨声载道。为了缓和社会矛盾，曹操一直都很重视对下层民众的提拔和任用，所以深得民心。但曹丕不一样，曹丕继承了曹操的事业之后，很快又恢复了门阀家族垄断的旧况，寒门再也出不了贵子，社会矛盾加剧，所以国力衰退。

除了惠农惠民的政策，曹操对北方的统一和安定也做出了巨大的贡献。他消除了袁绍的势力之后，袁绍的儿子投靠了乌桓，在北方作乱。曹操又立即带领士兵出征，七月出发，九月到达乌桓国，把乌桓国彻底剿灭后凯旋。回来的时候曹操写下了《观沧海》，这是中国第一首山水诗。曹操当时意气风发，觉得天下都是他的了。曹操统一了北方之后，势如破竹，整饬兵马，据传有八十七万大军。后来曹操对孙权说："不如你投降于我，反正刘表都已经投降了。"如果当时孙权也投降了，曹操就占领了东南，再加上荆襄之地，整个国家就都属于他了。可是没有想到孙权不仅不投降，赤壁之战时还让曹操以惨败收场。

鲁迅先生曾经说："曹操是一个很有本事的人，至少是一个英雄。"

写作背景

曹操写这首《短歌行》的时候，正好是赤壁之战前夕。有一次曹操喝多了，意气风发，当着大家的面唱了这首《短歌行》。此时的曹操已经五十岁了，他已经不年轻了。他写这首诗的主要目的是招揽人才，因为当时诸侯们之间的斗争，其实说到底是人才之间的斗争，所以曹操很重视人才。曹操想说："人才们，你们还能投靠谁啊？江东刘表已经被我曹操给吞并了，江东孙权那么点地盘，人又那么少，眼看就要被我消灭了；你要去投奔刘备？他连摆摊的地方都没有，被我打得到处跑，你能投靠谁呢？能投靠西川的刘璋、张鲁那些人吗？西凉韩遂能投靠吗？北平公孙瓒靠谱吗？他们都没有一个靠谱的，都已经死亡或者在死亡的路上。"曹操就是想通过这首诗告诉这些人才：抓紧时间吧，建功立业就趁现在，快投靠我吧。

📘 文本解析

短歌行

对酒当歌①，人生几何②！譬（pì）如朝露，去日苦多③。慨（kǎi）当以慷④，忧思难忘。何以解忧？唯有杜康⑤。

① 对酒当歌：面对着酒与歌，即饮酒听歌。

② 几何：多少。

③ 去日苦多：可悲的是逝去的日子太多了，这是慨叹人生短暂。

④ 慨当以慷：即"慷慨"，指宴会上的歌声激越不平。

⑤ 杜康：相传是最早造酒的人，这里代指酒。

面对这酒与歌，人生的岁月还有多少！好比晨露转瞬即逝，逝去的时光实在太多！宴会上的歌声慷慨激昂，心中的忧愁却难以遗忘。靠什么来排解忧闷？唯有靠豪饮美酒。

青青子衿（jīn），悠悠我心①。但为君故，沉吟②至今。呦（yōu）呦③鹿鸣，食野之苹④。我有嘉宾，鼓瑟吹笙（shēng）。

① 青青子衿，悠悠我心：语出《诗经·郑风·子衿》，青衿是周代读书人的服装，这里代指有学识的人。悠悠，长久的样子，形容思虑连绵不绝。

② 沉吟：深思吟味，这里指对贤才的思念和倾慕。

③ 呦呦：鹿叫的声音。

④ 苹：艾蒿。

有学识的才子们啊，你们令我朝夕思慕。正是因为你们，我才沉痛吟诵至今。阳光下鹿群呦呦欢鸣，在原野上吃着艾蒿。一旦四方贤才光临舍下，我将奏瑟吹笙宴请嘉宾。

明明如月，何时可掇①（duō）？忧从中来，不可断绝。越陌度阡②（qiān），枉用相存③。契阔谈䜩④（yàn），心念旧恩。

① 掇：拾取，摘取。

② 越陌度阡：穿过纵横交错的小路。

③ 枉用相存：屈驾来访；用，以。

④ 契阔谈䜩：久别重逢，欢饮畅谈；䜩，同"宴"。

当空悬挂的皓月哟，什么时候可以摘取呢？心中深深的忧思，喷涌而出不能停止。远方的宾客穿越纵横交错的小路，屈尊前来探望我。彼此久别重逢谈心宴饮，重温那往日的恩情。

月明星稀，乌鹊①南飞。绕树三匝②（zā），何枝可依？山不厌高，海不厌深③。周公④吐哺⑤，天下归心⑥。

① 乌鹊：乌鸦。

②三匝：三周。

③山不厌高，海不厌深：这里是仿用《管子·形势解》中的话，意思是希望尽可能多地接纳人才。

④周公：姓姬名旦，是周文王的第四子，武王的弟弟，辅佐武王伐纣，封于鲁。《史记》记载他为了招揽贤才，"一沐三捉发，一饭三吐哺"。

⑤吐哺：吐出嘴里含着的食物。

⑥归心：人心归服。

月光明亮星光稀疏，一群寻巢乌鹊向南飞去。绕树飞了三周却没敛翅，哪里才有它们的栖身之所？高山不辞土石才见其巍峨，大海不弃涓流才见其壮阔。我愿如周公一般礼贤下士，愿天下的英杰都真心归顺于我。

窦神解读

1."忧思难忘"讲解

本诗中，曹操的"忧"其实有三层。

第一层忧是人生短暂。曹操在写这首诗的时候已经五十岁了，他已经不再年轻了，所以他感慨人生短暂。

第二层忧是求贤不得。这些贤才要怎么样才能归心于他？想不到办法的他感觉很忧伤。就像刘邦打败叛乱的英布军，回到故乡时唱的《大风歌》："大风起兮云飞扬，威加海内兮归故乡，安得猛士兮守四方！"这也是本诗的主旨，曹操求贤若渴，希望有大量的人才能为自己所用。

第三层忧是功业未成。逝去的时光太多了，曹操还没有统一华夏，还没有平定九州，还没有建立一个伟大的功业。

2. "青衿"讲解

"青衿"本是周代学子的服装，此后也成为北齐、隋唐两宋学子的制服，这里指代有学识的人。

3. 古人对"忧愁"的表达

古人在描写愁的时候，喜欢把愁当成一种液体，好像人是一个容器，拔掉木塞子，往里面灌"愁"，最后装满了愁。例如"举杯消愁愁更愁，抽刀断水水更流""问君能有几多愁，恰似一江春水向东流"。本诗里的"忧从中来，不可断绝"也是一样，曹操心中的这种忧愁全藏在心里，流淌不绝。

4. "握发吐哺"的故事

周公就是姬旦，姓姬名旦，是周文王的儿子，周武王的弟弟，周成王的叔叔。周公最先辅佐周武王，后来又辅佐周成王。他在辅佐周成王的时候日理万机，忙到"一饭三吐哺"或者"一沐三握发"。意思是说当他正吃着饭时，如果突然有人来找他了，他就赶紧把吃进嘴里的饭都吐出来，马上接见，这叫"吐哺"。"一饭三吐哺"的"三"不是三次，而是很多次，指一顿饭周公要接见好多个人，半天也吃不下去一口。"一沐三握发"指的是洗一次头要握很多次头发，什么意思呢？古人都是长发，周公洗头的时候如果有人来找他，他只好暂停洗头，举着湿漉漉的头发去接见，好不容易接见完了准备回去接着洗，结果又有人来了……所以"握发吐哺"就被用来形容礼贤下士，殷切求才。

因为曹操当时挟天子以令诸侯，所以他以周公自居。他说

又有人来找我了，没办法，我得先走！

那你先把账结了啊！

自己一定会像周公那样，一沐三握发，一饭三吐哺，为国为民，不辞辛劳，礼贤下士。这样，天下的英雄，天下的豪杰，天下的人才，都可以真心归附于他了。

📘 拓展升华

《短歌行》是一首政治抒情诗，主要是为曹操当时所实行的政治路线和政治策略服务的。然而，曹操将其中的政治内容和意义完全熔铸在浓郁的抒情意境之中，充分发挥了他在诗歌创作方面的特长，并准确而巧妙地运用了比兴手法，来达到寓理于情、以情感人的目的。曹操在诗中注入了自己丰富的感情，跟自己推行的招贤令等法令配合使用，相得益彰。这首诗让我们看到曹操是一个有着雄才伟略的政治家，他用文学来表达了自己的政治理想。

必考必背

1. 对酒当歌，人生几何？譬如朝露，去日苦多。

2. 慨当以慷，忧思难忘。何以解忧？唯有杜康。

3. 青青子衿，悠悠我心。但为君故，沉吟至今。

4. 山不厌高，海不厌深。周公吐哺，天下归心。

真题演练

阅读《短歌行》，回答 1～3 题。（2017 年福建省中考题）

短歌行

曹操

对酒当歌，人生几何！譬如朝露，去日苦多。

慨当以慷，忧思难忘。何以解忧？唯有杜康。

青青子衿，悠悠我心。但为君故，沉吟至今。

呦呦鹿鸣，食野之苹。我有嘉宾，鼓瑟吹笙。

明明如月，何时可掇？忧从中来，不可断绝。

越陌度阡，枉用相存。契阔谈讌，心念旧恩。

月明星稀，乌鹊南飞。绕树三匝，何枝可依？

山不厌高，海不厌深。周公吐哺，天下归心。

1. 对《短歌行》中典故的解说不正确的一项是（　　）。

　　A. "青青子衿，悠悠我心"出自《诗经·郑风·子衿》，原是一
　　　　首女子思念男子的情诗，曹操用来表达自己对贤才的渴求

　　B. "呦呦鹿鸣，食野之苹。我有嘉宾，鼓瑟吹笙。"出自《诗

经·小雅·鹿鸣》，原诗表现的是天子宴请群臣的盛况和宾主之间融洽的温情

C. "山不厌高，海不厌深"化用《管子·形解》的话，用比喻手法说明自己渴望多纳贤才。"山""海"表明了曹操远大的志向

D. "周公吐哺"是出自《史记·鲁周公世家》的一个典故。曹操在这里以周公自比，是说自己也有周公那样的胸襟，一定会热切殷勤地接待贤才

2. 下列加点词语的解释不正确的一项是（   ）。

A. 惟有杜康   杜康：这里代指酒

B. 青青子衿   子衿：衣领

C. 鼓瑟吹笙   鼓：弹奏

D. 山不厌高   厌：厌恶

3. 清人吴淇在读了曹操的《短歌行》后说："盖一厢口中饮酒，一厢耳中听歌凭空作想，想出这曲曲折折，絮絮叨叨，若连贯，若不连贯，纯是一片怜才意思。"你同意"怜才"一说吗？谈谈你对这首诗的理解？

_____

_____

（答案见附录）

归园田居（其一）

——田园生活我最爱

归园田居（其一）

［晋］陶渊明

扫码听音频

少无适俗韵，性本爱丘山。

误落尘网中，一去三十年。

羁鸟恋旧林，池鱼思故渊。

开荒南野际，守拙归园田。

方宅十余亩，草屋八九间。

榆柳荫后檐，桃李罗堂前。

暧暧远人村，依依墟里烟。

狗吠深巷中，鸡鸣桑树颠。

户庭无尘杂，虚室有余闲。

久在樊笼里，复得返自然。

作品简介

名称：《归园田居（其一）》

出处：《陶渊明集》

年代：东晋

体裁：五言诗

作者简介

作者：陶渊明，又名潜，字元亮，号五柳先生

生卒：365—427 年

籍贯：浔阳柴桑（今江西九江）

成就：东晋末期、南朝刘宋初期诗人、辞赋家、散文家，著名田园诗人，被称为"古今隐逸诗人之宗"

作品：《陶渊明集》

背景介绍

时代背景

1. 八王之乱

东汉末年，天下分成魏、蜀、吴三个国家。三家归晋后，晋代的统治家族司马家的人坐在一块分析，说："我们赢了。我们把曹家的天下抢了，可是我们司马家的天下怎样才能不被别人抢了呢？"他们最后得出结论：曹家的天下之所以能够被他们抢来，是因为曹氏的王爷数量太少、每位王爷的权力太小，所以当司马家抢夺曹家的天下时，这些王爷就算想要反抗司马家，也没有能力反抗，于是曹家的天下就被司马家轻松地抢夺了。司马家为了不重蹈覆辙，就把司马家二十多个子孙氏族全部分封为王，赐予他们封地，以郡为国。如果郡比较小，就分配少量士兵；如果郡比较大，就给他们更多的士兵和更大的权力，实行自治。这样，晋朝就出现了二十几个诸侯国。

"以郡为国"最直接的好处是司马家的权力没有外人能抢走，可是坏处是不需要别人来抢，他们自己内部就抢得不可开交。汝南王司马亮、楚王司马玮（wěi）、赵王司马伦、齐王司马冏、长沙王司马乂、成都王司马颖、河间王司马颙（míng）、东海王司马越，这八个王爷都想要夺晋惠帝司马衷的权。

晋惠帝司马衷比较昏庸，"何不食肉糜"便是他说的。"何不食肉糜"出自《晋书·惠帝纪》，话说有一年闹了灾荒，老百姓都吃不上饭，只能靠山间的树皮和草根果腹。司马衷听闻后，却问："老百姓为什么不吃肉粥呢？没有粮食吃就不吃粮食，吃肉粥行不行啊？"司马衷的王后叫贾南风，控制欲很强，干涉了很多朝廷事务。在古代，女子地位低微，是不能插手政务的。因此，那些有逆反之心的王爷就以此为借口企图夺取皇位。最后赵王司马伦取得胜利，司马衷让位。再后来司马冏又打败了司马伦，整个北方从此陷入大乱。由于政权更迭过于频繁，每次政权更迭都新封了很多官，导致装在官帽后面的貂尾都用光了，于是只好用狗的尾巴代替，这就是成语"狗尾续貂"的来源。

2. 五胡十六国

北方大乱以后，原居中原以北、以西等地的各民族纷纷内迁，他们与当地的汉人在北方和巴蜀地区先后建立了二十多个政权，其中比较具有代表性的政权有十六个，因此这个时期也被称为"十六国"。这时，北方大贵族看到中原失控，就带着司马氏的继承人司马睿南逃，来到原来三国时期吴国的地盘，最后拥立司马睿在建康（今南京）建立了新的政权——东晋。

陶渊明一共辅佐过三个人：一个叫刘裕，当了皇帝；一个叫桓玄，当了几十天的皇帝；还有一个叫刘敬宣，没当皇帝就病死了。刘裕推翻了东晋，建立了刘宋王朝。刘宋王朝灭亡之后是南齐，南齐灭亡之后是南梁，南梁灭亡之后是南陈，这就是"宋齐梁陈"四个朝代，它们都把首都定在建康（吴称建业，今南京）；再加上之前的东晋、东吴，一共有六个王朝定都建康，史称"六朝"。

3. 衣冠南渡

衣冠南渡原指西晋末年天下大乱，晋元帝司马睿南渡长江、建都南京，中原士族相随南逃，政权被迫南迁；后来也代指官绅、士大夫等为躲避战乱而向南迁徙。中国历史上一共发生过三次"衣冠南渡"：第一次就是北方大氏族把司马家"抬"到了建业建立东晋；第二次是唐朝安史之乱后，中原的士族向长江流域迁徙；第三次"衣冠南渡"是北宋灭亡后，宋王室南迁到临安府建立南宋。

陶渊明生平

1. 洒脱自得的陶渊明

陶渊明是田园诗派的开创者，被称为"古今隐逸诗人之宗"。他娴静少言，不慕荣利，喜欢读书，但是不要求把书中的每字每句都理解得非常明白。如果他哪天灵光乍现，理解了书中的内容，就会高兴得忘记吃饭。他在《五柳先生传》中这样写道：

性嗜酒，家贫不能常得。亲旧知其如此，或置酒而招之；造饮辄尽，期在必醉。既醉而退，曾不吝情去留。环堵萧然，不蔽风日；短褐穿结，箪瓢屡空，晏如也。

意思是，他天性好喝酒，可是家里穷，不能经常有酒喝，亲朋好友知道这种情况，就常摆酒席来招待他。他喝酒就一定要喝得尽兴，一定要喝醉。喝醉了以后他就回家，从来都不会舍不得走。他家里四周的围墙空空荡荡，不能遮蔽住风和阳光。他的麻布短衣上打满了补丁，饭碗和水瓢常常是空的。虽然生活这么艰苦，但陶渊明还是一副安然自乐的样子。

2. 贵族出身

陶渊明出身贵族，祖上都是做官的。他的曾爷爷陶侃是东晋的开国元勋，母亲也出身于贵族家庭。但是，陶渊明家并不像东晋大家族王家、谢家那样厉害。王家、谢家是世袭贵族，他们的封地和爵位可以往下传给后代；而陶家贵族的名号是因为陶侃的战功，只能由陶侃一个人享用，他死后，封地和爵位不可以传给下一代。就像孔子的父亲，因为军功被封为诹（zōu）邑大夫，但孔子却没有继承父亲的封地和名号。在曹丕创立九品中正制之后、隋朝创立科举考试之前，将近四百年的时间内，国家往往按照"出身"来选拔官员。只要出身贵族，不管有没有才能，都有官做；但如果出身寒门，就算才能出众，也很难做大官。

3. 陶渊明的履历

陶渊明第一次做官是在二十九岁，做了江州祭酒，就是江州主管教育的官员，相当于现在的教育局局长，可是后来辞职了。辞职的原因是"不堪吏职"，意思是陶渊明忍受不了领导对他的打压和欺负，他的上级领导叫作王凝之，是王羲之的儿子，才女谢道韫（yùn）的丈夫。出身大族的王凝之根本瞧不上陶渊明，总是欺负他，于是陶渊明就辞官回家了。陶渊明第二次做官是在三十五岁，这次陶渊明入了桓玄的幕府，做了桓玄的参军，结果桓玄要造反。这时恰逢陶渊明的母亲去世，陶渊明就和桓玄说："我的母亲去世，我要回去守孝了。"在古代，父母去世后子女要"丁忧"，也就是回家守孝，至少要守两年零三个月。后来桓玄造反成功，可只做了几十天皇帝。陶渊明四十一岁的时候做了镇军将军刘裕的参军，结果刘裕也想造反，他就又辞职了。后来刘裕击败了桓玄，建立了刘宋。陶渊明第四次做官是在四十一岁的时候，这次他做了建威将军刘敬宣的参军。有一次朝廷平白无故要封赏刘敬宣，刘家家族的势力很大，无功封赏可能是因为朝廷要害刘家，于是刘敬宣拒绝了封赏，自表辞职，陶渊明自然也没了工作。陶渊明最后一次做官是在他四十岁那年的八月，他担任彭泽县的县令。这次陶渊明只做官八十几天就辞职了。因为督邮检查工作，要求陶渊明穿着正式的服装、束着腰带，迎接上级领导，陶渊明感到十分束缚，不愿意接待，可是他又害怕同僚排挤他，就把官印往房梁上一挂，辞官走了。陶渊明走的时候留下一句话："我岂能为五斗米，折腰向乡里小儿。"意思是"我怎么能为了五斗米（按现在的标准约为十升）的工资，就低头来侍奉这些人呢！"

大人，督邮来视察了，让您换上官服出去拜见。

每个月工资才这么点，还要我去侍奉那些人，干脆辞职吧！

陶渊明

4. 陶渊明的思想

陶渊明父亲家都希望他学习儒家文化，成为积极进取的人，可他的外祖父孟嘉崇尚道家文化，所以陶渊明一方面受着儒家文化的影响，另一方面又受着道家文化的影响。儒家讲究积极进取，修身齐家治国平天下；道家讲究道法自然，顺势而为。儒家和道家两派思想，是中国古代最重要的两派思想。

陶渊明一生都被这两种思想左右。当他积极入世做官时，就是受到了儒家思想的驱使，因为儒家思想让人充满能量、燃烧自己；当他遭遇挫折，想出世归隐的时候，是受道家文化的驱使。

5. 陶渊明的"粉丝"

陶渊明有很多"粉丝"。苏轼就非常崇拜陶渊明，他说："吾于诗人，无所甚好，独好渊明之诗。"意思是"我没有特别喜欢的诗人，只爱一个陶渊明"。苏轼没什么特别喜欢的诗人，只有陶渊明是例外，是因为他特别喜欢陶渊明的境界。诗仙李白也崇拜陶渊明，他说："陶令日日醉，不知五柳春。素琴本无弦，漉酒用葛巾。"陶渊明做过彭泽县县令，所以称"陶令"。陶令每天都在喝醉酒，不知道家门前的五棵柳树何时回春，弹着一把没有弦的琴，用自己的头巾滤酒。可以看出，李白特别羡慕陶渊明洒脱自得的生活。辛弃疾也觉得陶渊明特别厉害，他说："须信采菊东篱，高情千古，只有陶彭泽。"从这些我们可以看出，陶渊明受到后世很多诗人的崇拜。

写作背景

陶渊明因为无法忍受官场的污浊、世俗的束缚，最终辞官归隐，躬耕田园，写下了一组描述归隐后生活和感受的诗，叫作《归园田居》。这组诗共有五首，抒发了陶渊明辞官归隐后的愉快心情和乡居乐趣，表达了他对田园生活的热爱，同时又隐含了对官场黑暗腐败生活的厌恶，体现了陶渊明追求自由、安于清贫、洁身自好、超脱世俗的美好情操。

微课扫一扫

除了《归园田居》以外，陶渊明还有一首诗非常出名。这首诗叫《饮酒（其五）》。

结庐在人境，而无车马喧。问君何能尔？心远

地自偏。采菊东篱下，悠然见南山。山气日夕佳，
飞鸟相与还。此中有真意，欲辨已忘言。

这首诗的大意如下。我把房子盖在一个人来人往的地方，
但是却没有车马的喧嚣。我问自己是怎么做到的，因为我的心
离这个凡尘俗世很遥远，所以我住的地方也就显得很偏僻了。
我在东边的篱笆下采摘菊花，抬头望到了南边的远山。山里面
的气氛非常美好，飞鸟们正在结伴回家，我的灵魂也回归了。
这里面蕴涵着人生的真正意义，我想要分辨清楚，却不知怎样
表达。

这首诗写出了陶渊明的心声：他再也不用曲意逢迎、阿谀
奉承、担惊受怕，"真实"的他终于回来了。那一刻，陶渊明
的灵魂穿破了他的躯壳，铺满了他住的整个宇宙。他觉得十分
舒服，他的人性得到了最大的舒展。

文本解析

归园田居（其一）

少无适俗韵①，性本爱丘山②。误落尘网中，一去
三十年③。

羁鸟④恋旧林，池鱼思故渊。开荒南野际，守拙归
园田⑤。

① 少无适俗韵：少年时就没有迎合世俗的情致。少，指少

年时代。俗，世俗。韵，情致、气质。

② 性本爱丘山：天性原本热爱山川田园（生活）。丘山，指山林。

③ 一去三十年：陶渊明自东晋孝武帝太元十八年（393 年）初做江州祭酒，到东晋安帝义熙元年（405 年）辞去彭泽令归田，一共十三个年头，这里的"三十年"是夸大的说法。也有人认为是"十三年"之误。

④ 羁鸟：笼中鸟。羁，约束。

⑤ 守拙归园田：固守住愚拙，回乡过田园生活。守拙，持守愚拙的本性，即不学巧伪，不争名利。

我年少的时候就没有迎合世俗的情致，天性就是喜欢山川田园生活。我一不小心掉落到了仕途的罗网之中，这一转眼已经过去了三十年。被困在笼子里的鸟儿眷恋着自己曾经生活过的林子，被困在池塘里的鱼儿思念自己曾经自由畅游的深渊。我要在南边的田野上开辟荒地，持守自己愚拙的本性，回到家乡过田园生活。

方宅十余亩，草屋八九间。榆柳荫后檐，桃李罗堂前。
暧暧①远人村，依依②墟里③烟。狗吠深巷中，鸡鸣桑树颠。

户庭无尘杂，虚室④有余闲。久在樊笼⑤里，复得返自然。

① 暧暧：迷蒙隐约的样子。

② 依依：隐约的样子。

③ 墟里：村落。

④ 虚室：静室。

⑤ 樊笼：关鸟兽的笼子。这里指束缚本性的俗世。

我希望我的宅子能够占地十多亩，盖着八九间茅草屋。榆树和柳树都遮蔽我家后边的房檐，桃树和李树都罗列在我的堂屋前面。在这个一片模糊雾气之中，远远地能够看到一处村落，隐约的烟气弥漫在整个村落里面。狗在幽深的巷子里吠叫，公鸡在桑树颠上打鸣。庭院内没有尘俗杂事的干扰，静室里有的只是安适悠闲。我被关在那个叫官场的笼子里实在是太久了，如今总算有机会重返自然。

💡 窦神解读

1. "暧暧""依依"何解

"暧暧"的意思是模糊昏暗、看不清，"依依"用来形容炊烟隐约的样子。村落之间相隔很远，所以显得模糊。这两句所描写的景致，给人以平静、安详的感觉，好像这世界不受任何尘俗杂事的干扰。这是在强调一个不受外界干扰的、隐秘的乡村世界，其实也是说明陶渊明在内心世界中，给外界的凡尘俗世围上了一道围墙。他渴望不受外界干扰，渴望归隐于这样隐秘的田园，渴望追随自己的本性。

2. 本诗的结构

本诗共分为四个部分。诗的第一部分是追悔往事："少无适俗韵，性本爱丘山。误落尘网中，一去三十年。"陶渊明觉得很后悔，自己浪费了那么多时间在那些本来就不喜欢的事情上，他本来就爱丘山，可是却误落在尘网之中，这一去就是三十年。第二部分是表明心迹："羁鸟恋旧林，池鱼思故渊。开荒南野际，守拙归园田。"他终于可以回归田园。第三部分陈述他理想中的田园生活："方宅十余亩，草屋八九间。榆柳荫后檐，桃李罗堂前。暧暧远人村，依依墟里烟。狗吠深巷中，鸡鸣桑树颠。户庭无尘杂，虚室有余闲。"最后一部分是庆祝归园："久在樊笼里，复得返自然。"他在樊笼之中这么久，如今终于回归自然。

📘 拓展升华

《归园田居》一共有五首诗，这五首诗之间并不孤立，它们表达的都是陶渊明回归自然之后的一种心境。本首诗的字面意思很好理解，但是要从这首诗真正读懂陶渊明可能比较困难，毕竟每个人只有久在樊笼才会有这样的感慨。可能在人生的低谷期，道家文化会让人想归隐、想避世、想清静无为、想回归自然。

📘 必考必背

1. 羁鸟恋旧林，池鱼思故渊。

2. 暧暧远人村，依依墟里烟。狗吠深巷中，鸡鸣桑树颠。

3. 久在樊笼里，复得返自然。

真题演练

阅读《归园田居》，完成 1～3 题。（2017 年河北省某高中月考题）

归园田居·其一

陶渊明

少无适俗韵，性本爱丘山。

误落尘网中，一去三十年。

羁鸟恋旧林，池鱼思故渊。

开荒南野际，守拙归园田。

方宅十余亩，草屋八九间。

榆柳荫后檐，桃李罗堂前。

暧暧远人村，依依墟里烟。

狗吠深巷中，鸡鸣桑树颠。

户庭无尘杂，虚室有余闲。

久在樊笼里，复得返自然。

1. 下面对诗句的解说不恰当的一项是（　　）。

A. "方宅"句，意思是围绕住宅的土地有十来亩。方，围绕的意思

B. "榆柳"句，描写了榆柳、桃李遍布房前屋后的情景

C. "暧暧"句，以远村、墟烟构成一幅远景。"暧暧"与"依依"在诗中是近义词，因此可以互换

D. "狗吠"两句，描绘了一幅鸡鸣狗叫的农村生活图景，一切那么自然，那么淳朴

2. 对文中诗句理解不恰当的是（　　　）。

　　A. 少无适俗韵，性本爱丘山：从小就没有适应世俗的气质性格，天性本来就只喜爱田园、山林。韵，这里指性格、气质

　　B. 误落尘网中，一去三十年：错误地落入官场的罗网里，一离开故园就是三十年（从陶渊明初仕为江州祭酒，到辞去彭泽令归男，实际是十三年。诗人这里有意夸大，表现了对官场生活的极度厌倦）

　　C. 羁鸟恋旧林，池鱼思故渊：关在笼中的鸟留恋原来飞翔栖息过的树林，池中的鱼思念以往自由生活过的深潭

　　D. 开荒南野际，守拙归园田：在村南的野外开荒，我又能安守清贫回归故里

3. 对这首诗的分析，不正确的一项是（　　　）。

　　A. 这首诗用白描手法，情景交融。语言朴素，比喻贴切

　　B. 表现了作者摆脱污秽官场，来到清新的农村之后的自由生活和愉快的心情

　　C. 一些平平常常的农家事物，在诗人笔下构成了一幅恬静幽美、清淡朴素的田园图画

　　D. 全诗写出了诗人从少年进入官场到多年后退出官场的全过程

（答案见附录）

木兰诗

——谁说女子不如男

木兰诗

唧唧复唧唧，木兰当户织。不闻机杼声，唯闻女叹息。

问女何所思，问女何所忆。女亦无所思，女亦无所忆。昨夜见军帖，可汗大点兵，军书十二卷，卷卷有爷名。

阿爷无大儿，木兰无长兄，愿为市鞍马，从此替爷征。

东市买骏马，西市买鞍鞯，南市买辔头，北市买长鞭。旦辞爷娘去，暮宿黄河边，不闻爷娘唤女声，但闻黄河流水鸣溅溅。

旦辞黄河去，暮至黑山头，不闻爷娘唤女声，但闻燕山胡骑鸣啾啾。

万里赴戎机，关山度若飞。朔气传金柝，寒光照铁衣。将军百战死，壮士十年归。归来见天子，天子坐明堂。

扫码听音频

　　策勋十二转，赏赐百千强。可汗问所欲，木兰不用尚书郎，愿驰千里足，送儿还故乡。

　　爷娘闻女来，出郭相扶将；阿姊闻妹来，当户理红妆；小弟闻姊来，磨刀霍霍向猪羊。

　　开我东阁门，坐我西阁床。脱我战时袍，著我旧时裳。当窗理云鬓，对镜帖花黄。

　　出门看火伴，火伴皆惊忙：同行十二年，不知木兰是女郎。

　　雄兔脚扑朔，雌兔眼迷离；双兔傍地走，安能辨我是雄雌？

📗 作品简介

名称：《木兰诗》（别名《木兰辞》）

出处：《乐府诗集》

年代： 南北朝（北朝）

体裁： 乐府诗

📗 作者简介

编者： 郭茂倩（作者不详），字德粲（càn）

生卒： 1041—1099 年

籍贯： 北宋郓（yùn）州须城（今山东东平）

成就： 编有《乐府诗集》，书中所收录的《木兰诗》与《孔雀东南飞》被后人合称"乐府双璧"

背景介绍

文学背景

1.《乐府诗集》

郭茂倩编的《乐府诗集》是内容收录最完备的一部诗歌总集，一共有五千多首诗。《乐府诗集》分为郊庙歌辞、燕射歌辞、鼓吹曲辞、横吹曲辞、相和歌辞、清商曲辞、舞曲歌辞、琴曲歌辞、杂曲歌辞、近代曲辞、杂歌谣辞和新乐府辞等十二类，每一类中又有很多小类。《乐府诗集》中，北朝民歌被收录到《横吹曲辞》之中，因此北朝民歌《木兰辞》是被收录在《横吹曲辞》中的。

2. 巾帼不让须眉

《木兰诗》中的花木兰是中国古代女扮男装上战场、巾帼不让须眉的代表性人物之一。除了她以外，大家还知道哪些女英雄？

微课扫一扫

中国古代有三位在战场上叱咤风云的女将军。最早的一位是商朝的"妇好"，她是商王武丁的妻子，她和商王武丁合兵一处，合围并打败了西南巴军，成为中国历史上第一位开疆拓土的女英雄。

第二位女英雄是南宋的著名女将军梁红玉，她的丈夫是"南宋四名将"之一的韩世忠。梁红玉的父亲和哥哥都是将军，所以她从小就武艺高强。她和丈夫两个人率八千宋军在黄天荡合围了几十万金军，围困了他们四十八天，她还亲自擂鼓鼓舞士气。黄天荡一战让金军闻风丧胆，不敢轻易过江，梁红玉的事

迹因此广为流传。

最后一位女英雄是秦良玉，她是明朝女将，四川人，"善骑射且通文"。秦良玉的丈夫去世以后，她继任了丈夫的官职，带兵打仗。秦良玉曾经亲率三千士兵，北上山海关抵挡清军。后来清军入关南下，她也一直游击抗清，最后被加封为太子太保，封"忠贞侯"。《明史》中有一篇专门记录秦良玉事迹的《秦良玉传》，秦良玉是中国历史上唯一一个被单独列入正史的巾帼英雄。明思宗见过这位女将军之后感慨万千，手抄了四句诗赐给她："学就西川八阵图，鸳鸯袖里握兵符。古来巾帼甘心受，何必将军是丈夫！"

我们是女将天团！

妇好　梁红玉　秦良玉

3.乱世纷争

《木兰诗》的主角花木兰大约生活在北魏。北魏是南北朝早期的政权之一。三国之后，三家归晋，可西晋又因为过度分封导致了"八王之乱"，北方失控。各民族先后建立起数十个强弱不等、大小各异的国家政权，进入"十六国"时期。

"五胡"指的是五个"胡族"，分别是匈奴、鲜卑、羯（jié）、羌和氐。在这一时期，鲜卑的拓跋鲜卑逐渐崛起，最终统一北方，建立了北魏政权。

北魏政权的建立具体有哪几个重要阶段呢？建立政权的鲜卑拓拔部原来居住于现在的黑龙江嫩江一带，在大兴安岭附近过着游牧生活，后来逐渐南下。公元 338 年，拓跋部落建立了国家，叫作"代国"。公元 376 年，代国被前秦的苻坚所灭。公元 386 年，拓跋部落再次复兴，重建代国，公元 398 年正式定国号为"魏"，史称"北魏"。北魏先后打败"夏国"，攻克"北燕"，北克"柔然"，降服"北凉"，一系列战争之后，终于统一了北方。

写作背景

学者一般认为，《木兰辞》里的故事就发生在北魏和柔然战争时期。

相信大家多多少少都听过"楼兰"这个词。"不破楼兰终不还"的"楼兰"其实就是"柔然"的另一个名字。

柔然民族成分复杂，一般认为由鲜卑、匈奴等许多民族和部落杂糅而成，柔然的世袭贵族是鲜卑拓跋部落中的一支，所以柔然其实和北魏有共同的祖先。南北朝时期，柔然发展到了鼎盛，势力遍及大漠南北，贝加尔、大兴安岭等都属于柔然。可是柔然人并不满足，不断侵扰北魏边境。在拓跋嗣去世、拓跋焘即位不久的时候，柔然派六万骑兵攻打北魏，把北魏的云中城包围了，拓跋焘亲率大军参与战斗，经过一番苦战，好不容易才把柔然击退。此战之后，拓跋焘清楚地认识到，如果自己不主动出击，就会不停地受到柔然的侵扰。因此，拓跋焘先后十三次进攻柔然，致使柔然元气大伤，不得不向西向北逃遁。

《木兰辞》的故事既然发生在这个时期，那么我们就可以回答这个问题：花木兰参与的战斗是赢是输？答案是赢了。从这首诗的感情基调来看，整首诗都没有流露出悲哀的情绪，虽然也有人阵亡，但最终是胜利的，因此这首诗始终洋溢着高亢的感情。

📚 **文本解析**

木兰诗

唧唧（jī）①复唧唧，木兰当（dāng）户织②。不闻机杼③（zhù）声，唯④闻女叹息。问女何所思⑤，问女何所忆⑥。女亦无所思，女亦无所忆。昨夜见军帖（tiě）⑦，可汗（kè hán）⑧大点兵，军书十二卷⑨，卷卷有爷⑩名。阿爷无大儿，木兰无长兄，愿为市鞍（ān）马⑪，从此替爷征。

① 唧唧：叹息声。

② 当户织：对着门织布。

③ 机杼声：织布机发出的声音。机：指织布机。杼：织布的梭子。

④ 唯：只。

⑤ 何所思：想的是什么。

⑥ 忆：思念。

⑦ 军帖：军中的文告。

⑧ 可汗：古代西北地区民族对最高统治者的称呼。

⑨ 军书十二卷：征兵的名册很多卷。十二，表示多数，不是确指。下文的"十二转""十二年"，用法与此相同。

⑩ 爷：和下文的"阿爷"一样，都指父亲。

⑪ 愿为市鞍马：愿意为（此）去买鞍马。为，为了。市，买。鞍马，泛指马和马具。

"唧唧唧唧"，木兰正在对着门织布，但还没听到织布机的声音，只听到女子的叹息声。问这女子想的是什么？问这女子思念的是什么？女子并没有在想什么，也没有思念什么，只是昨天夜里她见到军中征兵的文告，可汗正在大规模地征兵，征兵的名册有很多卷，每一卷上都有她父亲的大名。而父亲没有长大成人的儿子，木兰没有哥哥，她愿意为此去买鞍马，替父亲出征！

东市买骏马，西市买鞍鞯①（jiān），南市买辔（pèi）头②，北市买长鞭。旦辞③爷娘去，暮宿黄河边，不闻爷娘唤女声，但闻黄河流水鸣溅（jiān）溅④。旦⑤辞黄河去，暮至黑山头，不闻爷娘唤女声，但闻⑥燕（yān）山胡骑⑦（jì）鸣啾（jiū）啾⑧。

① 鞯：马鞍下的垫子。

② 辔头：驾驭牲口用的嚼子和缰绳。

③ 辞：离开，辞行。

④ 溅溅：水流声。

⑤ 旦：早晨。

⑥ 但闻：只听见。

⑦ 胡骑：胡人的战马。胡，古代对西北部民族的称呼。

⑧ 啾啾：马叫的声音。

木兰跑遍了市场的东西南北各个角落，买齐了骏马、鞍鞯、辔头、马鞭。早晨辞别父母而去，傍晚就宿营在黄河旁边，听不到父母呼唤女儿的声音，只听到黄河的流水发出了"溅溅"

的声音。第二天早晨离开黄河而去，傍晚就到了黑山的山头，听不到父母呼唤女儿的声音，只听到燕山胡人的战马发出"啾啾"的声音。

万里赴戎机①，关山度若飞②。朔（shuò）气传金柝（tuò）③，寒光照铁衣④。将军百战死，壮士十年归。

① 戎机：指战事。

② 关山度若飞：像飞一样地跨过一道道关塞山岭。度，越过。

③ 朔气传金柝：北方的寒气传送着打更的声音。朔，北方。金柝（tuò），古代军中白天用来做饭、晚上用来打更的器具。

④ 铁衣：铠甲。

不远万里赶到战场，像飞一样地跨过一道道的关塞山岭。北方寒冷的空气之中，传来了战士们守夜打更的声音，清寒的月光照在木兰身穿的铠甲之上。将军和战士们身经百战，出生入死，最后征战多年，得以凯旋。

归来见天子，天子坐明堂①。策勋十二转②（zhuǎn），赏赐百千强③。可汗问所欲④，木兰不用⑤尚书郎⑥，愿驰千里足⑦，送儿还故乡。

① 明堂：古代帝王举行大典的朝堂。

② 策勋十二转：记很大的功。策勋，记功。转，勋位每升一级叫一转，十二转为最高的勋级。十二转：不是确数，形容功

劳极高。

③赏赐百千强：赏赐很多的财物。强，有余。

④问所欲：问（木兰）想要什么。

⑤不用：不愿意做。

⑥尚书郎：尚书省的官。尚书省是古代朝廷中管理国家政事的机关。

⑦愿驰千里足：希望骑上千里马。

归来之后面见天子，天子坐在明堂之上，给木兰记了很大的功。天子赏给她很多的财物。问她还有什么想要的，木兰说不想做尚书郎这样的大官，只愿意骑上千里马，送她回到家乡。

爷娘闻女来，出郭①相扶将②；阿姊③（zǐ）闻妹来，当户理④红妆⑤；小弟闻姊来，磨刀霍霍⑥向猪羊。开我东阁门，坐我西阁床。脱我战时袍，著⑦（zhuó）我旧时裳（cháng）。当窗理云鬓⑧（bìn），对镜帖（tiē）花黄⑨。出门看火伴⑩，火伴皆惊忙：同行十二年，不知木兰是女郎。

①郭：外城。

②扶将：扶持。将：助词，不译。

③姊：姐姐。

④理：梳理。

⑤红妆：指女子的艳丽装束。

⑥霍霍：拟声词，磨刀的声音。

⑦著：穿。

⑧ 云鬓：像云那样的鬓发，形容好看的头发。

⑨ 帖花黄：帖，通"贴"。花黄，古代妇女的一种面部装饰物。

⑩ 火伴：军中的同伴。古时一起打仗的若干士兵用同一个锅吃饭，所以称"火伴"。

父母听说女儿回来了，出城互相搀扶着来迎接；姐姐听说妹妹回来了，对着门户整理自己艳丽的衣装；小弟听说姐姐回来了，发出"霍霍"的磨刀声去杀猪宰羊。木兰打开东西阁的房门，坐在旧日坐过的床上，脱掉打仗时穿的战袍，穿上旧日穿的衣裙，对着窗户整理自己像云一样秀美的鬓发，照着镜子往脸上贴花黄这样的装饰品。木兰出门去看与自己同灶吃饭的伙伴，伙伴们都很惊慌，一起行军打仗这么多年，竟然不知道木兰是位女子。

雄兔脚扑朔，雌兔眼迷离；双兔傍（bàng）地走①，安能辨我是雄雌？

① 傍地走：贴着地面跑。

提起雄兔的耳朵，它就会前脚扑腾；提起雌兔的耳朵，它就会双眼迷离，双眼眯缝。如果雌雄双兔贴着地面飞快地跑，你怎么能分辨我是雄兔或是雌兔呢？

📖 **窦神解读**

1. 到底是"可汗"还是"天子"

北魏的祖先是拓跋鲜卑，实行可汗和部落制，领袖称作

"汗"，天子叫"可汗"。但是拓跋鲜卑与汉人混居之后，又把领袖叫作"天子"，所以文章中才会既出现"可汗"的称呼，又出现"天子"的称呼。

2.《木兰诗》中的互文手法

《木兰诗》中有很多运用了互文手法的句子，如"东市买骏马，西市买鞍鞯，南市买辔头，北市买长鞭"。这并不是说她只有在东市才能买到骏马，去西市才能买到鞍鞯，去南市才能买到辔头，去北市才能买到长鞭，而是说她跑遍了市场的东西南北各个角落，才把这么多东西全部买齐了。"将军百战死，壮士十年归"也是一样，倘若将军们全都战死了，战士们全都回来了，怎么可能？这一句的意思应该是将军和战士全都身经百战，出生入死，征战多年，得凯旋。"开我东阁门，坐我西阁床"也是互文，意思是打开我东西阁的门，坐在我东西阁的床上。古时候的"床"是用来坐的，而不是睡觉的，睡觉的叫"榻"。还有"当窗理云鬓，对镜帖花黄"也是互文，指对着窗户照着镜子整理像云一样秀美的鬓发，往脸上贴花黄。

3."点染"

"万里赴戎机，关山度若飞。朔气传金柝，寒光照铁衣。"后人认为这两句不是北朝民歌能写出来的，怀疑是隋唐文人所加。

"朔气传金柝，寒光照铁衣"，"朔气"指北方的寒气，这两句的意思是北方的寒冷空气中，隐约传来了战士们守夜打更发出的金柝声，银白的月光洒在木兰的铠甲之上。这两句话通过"金柝""寒光""铁衣"等几个具体细节反映了木兰在军营的生活，这种以具体事物烘托、渲染所述事件的细节和情感，使读者能够对事件有一个更具体生动把握的写作技巧，叫作"点染"。

"点染"这一写作技巧是在隋唐才出现的，李白的《静夜思》中就使用了这种技巧："床前明月光，疑是地上霜。举头望明月，低头思故乡。"整个画面染上了月光的颜色，通过对"月光"这一具体细节的描绘表达了诗人的思乡之情。

"点染"技巧的运用使《木兰诗》中的这四句话更加细腻，与整体奔放粗犷的语言风格不符，所以后人才推断这四句是后来加上的。

4.《木兰诗》的结构

诗歌刚开始交代木兰叹息的原因：老父被征兵，家中又没有能够代替父亲上战场的男丁，因此木兰做好了从军的准备。征战还朝，木兰辞官归家，一家人得以团圆。诗的最后用比喻结尾，赞扬了木兰身为女子却敢于上战场的勇气。

拓展升华

《木兰诗》的成就极高，和《孔雀东南飞》并称"乐府双璧"。作为乐府诗中优秀五言诗的代表，《木兰诗》对唐朝初年五言诗的繁荣有一定的贡献。

《木兰诗》流畅、连贯，兼具民歌风格，行云流水一样铺叙下来，节奏明快，曲调时而低沉肃穆，时而激情高昂。整首诗最精彩的是"不知木兰是女郎"的叙事构思，使本诗富有传奇式的浪漫色彩。同时本诗简繁安排巧妙，简写战争，重点在于对生活场景的描述和人物情感的抒发。木兰勤劳善良、聪慧机敏、坚毅勇敢、孝顺父母、忠君爱国还不看重功名利禄，木兰的高尚品质使得她的形象家喻户晓，深受人们的喜爱。

📘 必考必背

1.万里赴戎机，关山度若飞。朔气传金柝，寒光照铁衣。

2.将军百战死，壮士十年归。

3.雄兔脚扑朔，雌兔眼迷离；双兔傍地走，安能辨我是雄雌？

📗 真题演练

阅读下面这首乐府诗，完成 1～2 题。（2017 年福建省中考题）

木兰诗（节选）

万里赴戎机，关山度若飞。朔气传金柝，寒光照铁衣。将军百战死，壮士十年归。

归来见天子，天子坐明堂。策勋十二转，赏赐百千强。可汗问所欲，木兰不用尚书郎，愿驰千里足，送儿还故乡。

1. 对上述节选部分有关句子的理解和分析不正确的一项是（　　）。

　A．"万里赴戎机，关山度若飞"用夸张手法描写翻山越岭奔赴战场的情景

　B．"朔气传金柝，寒光照铁衣"从听觉和视觉的角度描写边塞军用的生活

C."将军百战死，壮士十年归"实写将军拼死作战，壮士十年后归来的情景

D."策勋十二转，赏赐百千强"中的数字"十二"与"百千"都是表示多数

2."可汗问所欲"时，木兰表达了什么心愿？请用自己的话概括。

_____

_____

（答案见附录）

行路难（其一）

——纵使前路多蜿蜒，当生生不息以自强

行路难（其一）

[唐] 李白

扫码听音频

金樽清酒斗十千，玉盘珍羞直万钱。

停杯投箸不能食，拔剑四顾心茫然。

欲渡黄河冰塞川，将登太行雪满山。

闲来垂钓碧溪上，忽复乘舟梦日边。

行路难，行路难，多歧路，今安在？

长风破浪会有时，直挂云帆济沧海。

📘 作品简介

名称：《行路难（其一）》

出处：《李太白全集》

年代：唐朝

体裁：乐府诗

📘 作者简介

作者：李白，字太白，号青莲居士

生卒：701—762 年

籍贯：陇西郡成纪县。李白出生于碎叶城，一说为剑南道绵州（有争议）

成就：唐朝伟大的浪漫主义诗人，被后人誉为"诗仙"，与杜甫并称为"李杜"。其诗风格豪迈奔放、清新飘逸、想象丰富、意境奇妙。他在乐府歌行及绝句方面的成就最高

作品：《李太白全集》

🔵 背景介绍

❀❀ 李白生平 ❀❀

1. 中国最伟大的诗人

如果问中国人："谁是最流行且最伟大的诗人？"绝大多数人都会回答"李白"，李白毫无疑问是中国诗坛上最有名的。

贺知章说李白是太白星转世。杜甫说李白"笔落惊风雨，诗成泣鬼神"，意为李白写成一首诗，鬼神看了都会哭。这句话如果放在现代感觉并不是在夸人，但在当时这是他对李白的极高评价。我国台湾爱国诗人余光中说李白"酒入豪肠，七分酿成了月光，余下的三分啸成剑气，绣口一吐，就半个盛唐"。

宋朝分为北宋和南宋，北宋第一大诗人叫苏轼，南宋第一大诗人叫陆游；在唐朝以前，两汉至魏晋南北朝前后八百年，最伟大的诗人叫陶渊明；在两汉以前，最伟大的诗人叫屈原。屈原、陶渊明、李白、苏轼、陆游这几个人堪称中国古代最伟大的诗人。如果细分到每个时期，还能再加入"三曹"、王维、元稹、白居易、李商隐、杜牧等。

2. 李白的家庭背景

李白祖籍陇西成纪，有说法认为他在四岁时跟着父亲入川。据说他的父亲是一个商人，因为商人在唐朝的地位很低，所以李白连参加科举考试的资格都没有。

3. 天才少年

李白是一个天才少年。他自己曾说道："五岁诵六甲①，十岁观百家。"意思是五岁时就可以背诵一百字左右的诗，十岁的时候就已经读了诸子百家的文章。李白在二十岁左右开始漫游，他在离开家乡的时候写下了《峨眉山月歌》。

> 峨眉山月半轮秋，影入平羌江水流。
> 夜发清溪向三峡，思君不见下渝州。

4. 三入长安

李白第一次进入长安，想要做官却没有成功。当他第二次进入长安时，得到了贺知章和掌管文人命运的玉真公主的大力推荐。在唐朝武则天时期前后，公主手握一定的权力是比较正常的事情。再加上唐玄宗对妹妹的宽纵，玉真公主其实有相当大的权力，因此在一定程度上决定了一些文士的命运，如张九龄、王维和李白。

玉真公主对李白和王维这两位诗人非常赞赏，但她更看重王维。李白一直都希望玉真公主能够青睐自己，所以李白的部分诗就带有逢迎的味道。例如，《独坐敬亭山》中的"相看两不厌，只有敬亭山"，敬亭山是玉真公主修道的地方，所以李白写的"相看两不厌"，不是和山"相看两不厌"，而是另有深意。李白和王维两人甚少来往，可能就跟玉真公主的偏好有关。

在贺知章和玉真公主的引荐之下，唐玄宗封李白为"翰林

---

① 六甲诗，一句十个字，一共十句。

待诏"（有争议）并召他入京。李白在听到这个消息后高兴地写下："仰天大笑出门去，我辈岂是蓬蒿人。"

李白来到京城后，唐玄宗"降辇（niǎn）步迎，如见绮皓（汉朝名士绮里季），以七宝床赐食，御手调羹以饭之"。唐玄宗为了获得"招贤纳士"的名声，给了李白前所未有的待遇和重视。但是，其实当时奸相李林甫掌权，朝廷根本就招不到贤才。

从古至今，国家最核心的竞争力始终是人才。唐玄宗表面上非常欢迎人才，但却表里不一，内心对李白其实并不是很看重。李白对唐玄宗也很失望，觉得唐玄宗对他是虚情假意，加上李白恃才傲物，得罪了不少人，所以李白第二次进入长安也没有得到重用，最后被唐玄宗"赐金放还"了。

李白第三次漫游长安时遇到了"安史之乱"，他到了永王府里当幕僚。后来永王被视作叛乱，李白是他的僚属，所以遭到牵连，被判流放夜郎（今贵州桐梓一带）。结果李白的运气比较好，不久恰逢天下大赦，就被赦免回家了，于是他写下了《早发白帝城》。

朝辞白帝彩云间，千里江陵一日还。

两岸猿声啼不住，轻舟已过万重山。

5. 李白的人生境界

笔者认为，李白还没有到完全不求功名的地步。他不像陶渊明那样，能"采菊东篱下，悠然见南山。山气日夕佳，飞鸟相与还。"忘记一切的烦扰，走到篱笆下采摘一朵菊花，看到山里面的景象，觉得自己的灵魂已经把这个世界铺满，得到彻底的释放。

只有拥有过，才可以坦然放下，所以李白做不到完全的坦然。托尔斯泰如果不是贵族，他可能就不会自己牵着马，到田里去犁地，也可能不会把自己的农奴全部解放，还把自己的农田都送给农户。因为他拥有过一切，所以能放得下。

李白达不到陶渊明和托尔斯泰的境界，他太渴望拥有，最后却什么也没有得到，但他一直不气馁："长风破浪会有时，直挂云帆济沧海。"

文学背景

1. 盛唐诗坛的北斗七星

盛唐诗坛上特别有名的诗人有高适、李白、杜甫、岑参、孟浩然、王维和王昌龄，可以说他们就是盛唐诗坛上的"北斗七星"。

高适和李白是好朋友，高适后来飞黄腾达，晚年也接济过李白。李白比杜甫大十一岁，杜甫崇拜李白，在诗中经常写李白，但李白在诗中提及杜甫的次数比较少。两人被后世誉为浪漫主义和现实主义的两大高峰。岑参崇拜高适，也仰慕杜甫，虽然杜甫的名气不大，但是他在做八品官的时候，还帮岑参写过推荐信。孟浩然和李白是好朋友，王维和孟浩然是好朋友。但是李白和王维两个人甚少交往。李白和王维同岁，寿命也差不多。两人在当时诗坛上的名气相当，都是孟浩然的好朋友，也都是唐玄宗、杨贵妃和玉真公主面前的红人，但两人互相看对方不顺眼。王昌龄和上述六个人的关系都很好。这就是盛唐诗坛上的"北斗七星"。

2.《行路难》组诗

（1）《行路难（其二）》

> 大道如青天，我独不得出。
> 羞逐长安社中儿，赤鸡白雉赌梨栗。

天地宽广，唯独我李白无路可走，我羞于追随长安城中的富家子弟，去搞斗鸡走狗一类的赌博游戏。

> 弹剑作歌奏苦声，曳裾王门不称情。
> 淮阴市井笑韩信，汉朝公卿忌贾生。

像孟尝君手下的冯谖（xuān）那样弹着剑天天唱歌发牢骚，或者在权贵面前卑躬屈膝是不合我心意的。韩信未得志时，在淮阴曾被市井无赖欺侮，汉朝的公卿们都特别嫉妒贾谊的才能。

> 君不见昔时燕家重郭隗，拥篲（huì）折节无嫌猜。
> 剧辛乐毅感恩分，输肝剖胆效英才。
> 昭王白骨萦蔓草，谁人更扫黄金台？
> 行路难，归去来！

你看，古时燕昭王重用郭隗，毫不嫌疑猜忌。剧辛、乐毅感激燕昭王知遇的恩情，竭忠尽智，以自己的才能来报效君主。然而燕昭王早就死了，还有谁能像他那样重用贤士呢？未来的路好难走，我还是回去吧！

在这首诗里，"弹剑作歌"和"黄金台"是两个典故，"弹剑作歌"说的是战国时孟尝君的门客冯谖。孟尝君把自己的门客分为上、中、下三等，下等门客只有最差的待遇，中等门客每顿饭有鱼，上等门客出门还配有马车。冯谖一开始被分为下等门客，但是他不满意，于是天天弹着长铗（jiá）说："长铗归来乎，食无鱼。"意思就是"长剑我们回去吧，没有鱼吃"，结果孟尝君就提拔他成了中等门客。后来冯谖又天天弹着长剑唱歌："长铗归来乎，出无车。"意思就是"长剑我们回去吧，出门没有车坐"，结果孟尝君就提拔他成了上等门客，出门配车。可是冯谖还是继续唱歌："长铗归来乎，无以为家。"意思是"长剑我们回去吧，我在这儿的生活还不错，但是没有钱给家里"，于是孟尝君又给了他一大笔钱，冯谖这才不再唱歌发牢骚了。

"黄金台"说的是郭隗和燕昭王的故事，郭隗有一次对燕昭王说："从前有一位国君，愿意用千金买一匹千里马，可是三年过去了，千里马也没有买到。这位国君手下有一无名之辈，自告奋勇请求去买千里马，国君同意了。这个人用了很长时间打听到某处人家有一匹良马，可是等他赶到时，马已经死了。于是，他就用一千两黄金买了马的骨头，回去献给国君。国君看到是马骨头很不高兴。买马骨的人却说他这样做，是为了让天下人都知道，大王是真心实意地想出高价买马，并不是欺骗别人。大王死马都那么重视，更何况是活生生的千里马呢。果然，天下人听说国君这么爱马，愿意用一千两黄金买马骨头，于是有千里马的人都纷纷把马献给这位国君。"

郭隗又说："我是个没本事的人，你如果连我都能重用的话，那么比我有本事的人都会来投靠你。"于是燕昭王就筑起了"黄金台"，并在上面放着很多钱财以招揽贤才。燕昭王招

揽贤才的核心办法就是四个字"卑身厚币"——把自己的姿态放得很低，态度非常真诚，并且愿意给贤才很多钱财。

后来，燕昭王用这个策略招来了很多人才，他们都尽心竭力辅佐燕昭王，使小小的燕国一度强盛起来。例如，乐毅带领燕国的军队去攻打强大的齐国，一连拿下齐国七十座城，齐国眼看着就要被灭了。结果燕昭王这时死了，燕惠王成了燕国新的国君。燕惠王听信谗言，把乐毅赶走了，于是齐国开始恢复实力，把丢掉的城全部夺回了。这就是重用人才和不重用人才的区别，军队再多都没用，地盘再大也没用，人才才是国家的核心竞争力。

（2）《行路难（其三）》

有耳莫洗颍（yǐng）川水，有口莫食首阳蕨（jué）。
含光混世贵无名，何用孤高比云月？

不要学许由，当舜想要把天下让给他的时候，他不想听到这样的话，就用颍川水把耳朵洗了。不要学伯夷和叔齐，在首阳山上吃着野菜隐居。在世上活着贵在韬光养晦，为什么要隐居清高自比云月？

吾观自古贤达人，功成不退皆殒身。
子胥既弃吴江上，屈原终投湘水滨。

我看自古以来的贤达之人，功绩告成之后不自行隐退都死于非命。伍子胥被吴王弃于吴江之上，屈原最终抱着石头自沉汨罗江中。

陆机雄才岂自保？李斯税驾苦不早。

华亭鹤唳讵（jù）可闻？上蔡苍鹰何足道？

陆机如此雄才大略也无法自保，李斯辅佐秦始皇立下赫赫功劳，最后却落得腰斩的凄惨下场。陆机是否还能听见华亭别墅间的鹤唳？李斯是否还能在上蔡东门牵鹰打猎？

君不见吴中张翰称达生，秋风忽忆江东行。

且乐生前一杯酒，何须身后千载名？

你不知道吴中的张翰是个旷达之人，因忽见秋风起而想起江东故乡的莼（chún）菜和鲈鱼，于是果断辞官回乡。生时有一杯酒就应尽情欢乐，何须在意身后千年的虚名？

写作背景

李白经常醉酒。传说有一天，唐玄宗让人从市集上找来了李白。李白喝得醉醺醺的，唐玄宗让人调了蜜水喂他喝，等李白稍微清醒点后，就让他写宫中行乐诗。李白兴致来了，挥毫泼墨开始写，一口气写了十四首宫中行乐词。

微课扫一扫

李白是个天才般的人，可是他恃才傲物，引来了嫉妒，朝廷上下都说他的坏话，他自己也经常抱怨"我其实还不如回家呢"。结果他的这番言论被唐玄宗听到了，于是唐玄宗就借着这个由头说："既然现在你想回家，我就让你回家吧。"唐玄宗给了李白一笔钱，将他"赐金放还"，其实就是将李白赶出了长安。李白郁闷极了，《行路难》这一组诗的三首，应该就是这个时候写的。①

📚 文本解析

行路难（其一）

金樽①（zūn）清酒斗十千②，玉盘珍羞③直④万钱。
停杯投箸⑤不能食，拔剑四顾心茫然。

① 樽：古代盛酒的器具。

② 斗十千：一斗值十千钱（即万钱），形容酒美价贵。

③ 珍羞：珍贵的菜肴。羞，同"馐"，美味的食物。

④ 直：同"值"，价值。

⑤ 箸：筷子。

金杯里清冽的美酒，一杯的价值就要超过十千钱，盘子里盛满价值万钱的佳肴。我突然停下酒杯，放下筷子，不能再继续享用；拔出宝剑，向四周环顾，内心却是一片茫然。

欲渡黄河冰塞川，将登太行①雪满山。
闲来垂钓碧溪上，忽复乘舟梦日边②。

---

① 另有一个说法是前两首诗是李白刚到长安时写的。

① 太行：太行山。

② 闲来垂钓碧溪上，忽复乘舟梦日边：这两句暗用典故，姜太公姜尚曾在渭水的磻溪上钓鱼，得遇周文王，后助周灭商；伊尹曾梦见自己乘船从太阳旁边经过，后被商汤聘请，助商灭夏。

我想要渡过黄河，可是坚冰堵塞了大川，我想要登上太行山，可是大雪却覆盖了整座太行山。我想悠闲时能够像姜太公那样在碧溪上垂钓，来遇到我的周文王。忽然之间，我又像伊尹那般梦到自己乘着小船，从太阳旁边经过。

　　行路难，行路难，多歧路，今安在①？
　　长风破浪会有时②，直挂云帆③济④沧海。

① 今安在：如今身在何处？

② 长风破浪会有时：比喻终将实现远大理想。据《宋书·宗悫（què）传》载，宗悫少年时，叔父宗炳问他的志向，他说："愿乘长风破万里浪。"

③ 云帆：高高的帆。

④ 济：渡。

实现理想的路多么艰难，多么艰难。前方有这么多的歧路，我如今又身在何处？相信我终会等到一阵长风，到那时，我会高高地扬起我的风帆，去渡过这苍茫大海。

窦神解读

1. 李白酒量知多少

李白能喝多少酒呢？杜甫说："李白斗酒诗百篇。"从字面上看，李白可以喝一斗酒，这科学吗？唐朝时期的一大斗相当于现在六千毫升，一小斗相当于现在的两千毫升。我们就以小斗计算，也就是说，李白最少能喝两千毫升，也就是大约两千克。今天的白酒一般是五百毫升一瓶。

但是有一个问题需要澄清，中国的白酒多认为产生于元朝，此前的酒都是米酒。米酒的酒精含量是很低的，一般能达到二十度就不错了。李白一次喝两千克，按酒精含量来算，折合成今天四十度的白酒也就是一千克左右，若折合成五十度的白酒，那还要少一些。现在也有这样酒量的人，只不过很少罢了，所以李白也算得上海量了。

2. 行路难，行路难

"路"其实指的是实现自己的理想、政治抱负的路。李白说人生的道路何其艰难，能够实现自己理想的路走起来更难。一般来说，朗读这句话时，第一个"行路难"的语调要高一些，要蓬勃豪放；第二个"行路难"的语调要低沉一些，这叫复沓。

复沓的语句都应该这么读，比如辛弃疾的"少年不识愁滋味，爱上层楼，爱上层楼，为赋新词强说愁"。第一个"爱上层楼"就要读得激昂一些，第二个就要读得低沉一些。再比如李清照的"知否，知否？应是绿肥红瘦"，第一个"知否"是李清照在问她的侍女，而第二个"知否"是李清照在自问，所以第一个"知否"的语调也要高一些，第二个"知否"的语调要低沉一些。

📖 拓展升华

李白在这首诗中的情感跌宕起伏，短短的几句话同时表达了李白怀才不遇的愤慨和乐观豪迈的气概。

"金樽美酒，玉盘珍羞"是在朋友们送别他时办的宴会上，李白兴致高昂；"停杯投箸，拔剑四顾"说明他内心的一片茫然；"冰塞川，雪满山"说明他心里又觉得世界上有太多的艰难险阻；当提到姜太公、伊尹时，他又充满了希望和信心；接着"多歧路，今安在"表明李白敢于去探索；最后"直挂云帆济沧海"表达了他的乐观、豁达。

📖 必考必背

1. 闲来垂钓碧溪上，忽复乘舟梦日边。
2. 长风破浪会有时，直挂云帆济沧海。

📖 真题演练

阅读《行路难（其一）》，完成 1 ～ 3 题。

1. 选出下列对李白的《行路难（其一）》赏析有误的一项（　　）。（2020 年辽宁省抚顺、铁岭中考题）

A. 诗的一二句用夸张笔法营造欢乐宴饮气氛，与三四句诗人的悲苦情绪形成反差

B. 诗的五六句用"冰塞川""雪满山"这样形象化的语言，写出了仕途的艰难

  C. 诗的七八句用姜尚、伊尹的典故，表达诗人一展宏才的愿望和有为于当世的政治理想

  D. 整首诗始终笼罩在苦闷、惆怅的情绪中，最后两句表明诗人对前途仍有所期待

2. 阅读《行路难（其一）》，对这首诗理解不恰当的一项是（ ）。（2019 年内蒙古通辽市中考题）

  A. 开头两句描绘了隆重而丰盛的宴会场面，反衬诗人悲愤、失望的情绪

  B. "欲渡"两句运用比喻的修辞手法，表现诗人想有所作为但事与愿违，志向难以实现的矛盾、痛苦的心情

  C. "闲来"两句连用两个历史典故，表现诗人对乘舟垂钓悠闲生活的渴望、向往

  D. 末尾两句是全诗的最强音，表现诗人摆脱苦闷，相信理想终会实现的乐观与自信

3. 阅读《行路难（其一）》，然后回答问题。（2018 年广东省广州市中考题）

  （1）诗中的"顾""济"是什么意思？请选择一个回答。

_____

  （2）诗句"闲来垂钓碧溪上，忽复乘舟梦日边"运用典故表达了诗人怎样的愿望？请简要分析。

_____

（答案见附录）

将进酒

—— "酒鬼"李白的真情劝酒歌

将进酒

[唐] 李白

君不见黄河之水天上来，奔流到海不复回。

君不见高堂明镜悲白发，朝如青丝暮成雪。

人生得意须尽欢，莫使金樽空对月。

天生我材必有用，千金散尽还复来。

烹羊宰牛且为乐，会须一饮三百杯。

岑夫子，丹丘生，将进酒，杯莫停。

与君歌一曲，请君为我倾耳听。

钟鼓馔玉不足贵，但愿长醉不愿醒。

古来圣贤皆寂寞，惟有饮者留其名。

陈王昔时宴平乐，斗酒十千恣欢谑。

主人何为言少钱，径须沽取对君酌。

五花马、千金裘，呼儿将出换美酒，与尔同销万古愁。

扫码听音频

📘 作品简介

名称:《将进酒》

出处:《全唐诗》

年代: 唐朝

体裁: 乐府诗

📗 作者简介

作者: 李白

生卒: 701—762 年

籍贯: 陇西郡成纪县。李白出生于碎叶城，一说为剑南道绵州（有争议）

成就: 唐朝伟大的浪漫主义诗人，被后人誉为"诗仙"，与杜甫并称为"李杜"。其诗风格豪迈奔放、清新飘逸、想象丰富、意境奇妙。他在乐府歌行及绝句方面的成就最高

作品:《李太白全集》

背景介绍

李白生平

1. 李白与酒

李白，字太白，号青莲居士，是盛唐时期浪漫主义的代表人物。李白和杜甫合称"李杜"，他们两个分别创造了盛唐诗歌的两大高峰：李白是盛唐浪漫主义的高峰，杜甫是盛唐现实主义的高峰。

微课扫一扫

李白特别喜欢喝酒，喝醉酒之后又特别喜欢写诗。他在《行路难》里写道："金樽清酒斗十千"，一斗清酒，就要卖十千钱，不可谓不贵。可是在《饮中八仙歌》中却有这样的

皇上？
那是什么酒？
好喝吗？

李白

太白先生别睡啦！
皇上召见你啦！

记录："李白斗酒诗百篇"，就是说李白喝一斗酒可以写一百篇诗歌，这样一算这酒喝得还是非常"划算"的；"长安市上酒家眠"，他喝多了就在长安集市的酒家睡觉；"天子呼来不上船"，皇上找他，他还不去；"自称臣是酒中仙"，李白说自己是酒中之仙。是不是觉得喝酒之后的李白，有点"不靠谱"呢？皇帝叫他去，居然也敢不去，其实李白只是醉心于喝酒罢了！

2. 李白不愿醒的秘密

李白有一句名诗，是说自己生活中的忧郁的："抽刀断水水更流，举杯消愁愁更愁。人生在世不称意，明朝散发弄扁（piān）舟。"富贵的生活对李白来说一点都不重要，他只希望喝醉了不再醒来。李白为什么不想醒来呢？因为他不想再生存在没有希望的世界上，所以就用酒精麻痹自己。屈原也是对这个世界感到失望的人，他说"举世皆浊，我独清；众人皆醉，我独醒"。意思是大家都是污浊的，我是清澈的；你们都醉着，我醒了。但是屈原是想要"醒来"的，他就像《皇帝的新装》里的小男孩。屈原二十三岁就当了楚国的左徒，一切事宜直接向楚王汇报。之后，他又成为六国联盟的统帅。这一切对他来说都太早了，他的心智还不够成熟，所以他在二十九岁遭到放逐时，对世界、对他人感到失望，强迫自己"清醒"。而李白不同，他只想喝醉不想醒来，不想面对这污浊的世界。假如屈原和李白都看到了不对的地方，屈原可能会立马指出来，但李白可能是"看破不说破"，他只希望喝醉，再也不要醒来，毕竟不醒来就看不到世界的污浊了。

3. 余光中评价 "李白"

余光中是中国台湾的一个爱国诗人，他有一首《寻李白》非常有名。以下是《寻李白》节选。

酒入豪肠，七分酿成了月光，余下的三分啸成剑气，绣口一吐，就半个盛唐。从开元到天宝，从洛阳到咸阳，冠盖满途车骑的嚣闹，不及千年后你的一首，水晶绝句轻叩我额头，当地一弹挑起的回音，一贬世上已经够落魄，再放夜郎毋（wù）乃太难堪，至今成谜是你的籍贯，陇西或山东，青莲乡或碎叶城。不如归去归哪个故乡，凡你醉处，你说过，皆非他乡，失踪，是天才唯一的下场。身后事，究竟你遁向何处。

这首《寻李白》，提到了很多李白的未解之谜。首先，他是哪里人？一般认为他出生于西域碎叶，但有人说是陇西，还有人说是青莲乡。其次，李白最后是不是失踪了？这个问题也很难说。余光中认为李白失踪才是其唯一的下场。余光中赞到李白"绣口一吐，就半个盛唐"，意思是说，盛唐的一半都是由李白支撑起来的，至少在诗歌史上的确如此。

李白的一生可以用四个字概括：诗、剑、酒、侠。"诗"自不必白说；李白长大之后仗剑任侠、随身佩剑；他还喜欢喝酒，之前已经说过"李白斗酒诗百篇"；最后李白特别崇拜侠客，身上有侠气，这在他的《侠客行》中就有体现。

将进酒

文学背景

1. 酒与诗

第一位大量地写饮酒诗的诗人，其实是东晋的陶渊明。他有一组诗叫《饮酒》，这组诗有二十首，其中第五首最有名，里面有一句千古名句："采菊东篱下，悠然见南山。"

除了陶渊明，酒还在很多诗歌中出现。曹操的《短歌行》中就有："对酒当歌，人生几何！譬如朝露，去日苦多。慨当以慷，忧思难忘。何以解忧？唯有杜康。"唐朝诗人王翰的《凉州词》也提到了酒："葡萄美酒夜光杯，欲饮琵琶马上催。醉卧沙场君莫笑，古来征战几人回？"还有范仲淹《苏幕遮》中的"明月楼高休独倚，酒入愁肠，化作相思泪"；李清照《醉花阴》中的"东篱把酒黄昏后，有暗香盈袖"；辛弃疾《西江月》中的"醉里且贪欢笑，要愁那得功夫。近来始觉古人书，信著全无是处。昨夜松边醉倒，问松我醉何如。只疑松动要来扶，以手推松曰去。"

2. 古诗中"水流"的深刻含义

古人在诗歌中提到水流，一般有两种意味。第一，水流和愁有关。例如，"问君能有几多愁，恰似一江春水向东流""君问归期未有期，巴山夜雨涨秋池""抽刀断水水更流，举杯消愁愁更愁"。第二，水流和时光飞逝有关。又如，"子在川上曰，逝者如斯夫"，意思是时间流逝得好快啊，就像这流水一样，奔流向前不复返。

苏轼在《念奴娇·赤壁怀古》开头说"大江东去"，这里的"大江东去"到底是为了抒发愁绪，还是感慨时间过得快？其实两者都有。他说："大江东去，浪淘尽，千古风流人物"，这是在说时间过得飞快，岁月的浪花淘洗去了千古以来的风流人物。但是在这首诗的最后，他的情感落到了"愁"上："故国神游，多情应笑我，早生华发。"苏东坡愁得白头发都长出来了！为什么愁？因为周瑜三十四岁时带领五万士兵对抗曹操的二十余万军队，打赢了赤壁之战。苏轼已经四十五岁了，还被贬在黄州。自己如此有才华，这辈子却没有什么政治成就，所以苏轼发愁。这是"大江东去"的深层含义，所以古诗词中的"河流、水流"，都是有象征意义的。

呜呜呜，你怎么砍不断啊，就像我的忧愁一样。

李白

那《将进酒》中的"黄河之水天上来"是在表达心里的愁还是时间过得快呢？开篇李白说："君不见黄河之水天上来，奔流到海不复回"，下一句是"君不见高堂明镜悲白发，朝如青丝暮成雪"。这里可以看出李白写"水流"是在感慨时光飞逝，但最终诗人的情感仍然落到了"愁"上，因为这首诗的最后一句是"与尔同销万古愁"。因此，在诗歌中提到水流往往会有抒发愁绪和感叹时间飞逝这两种意味。

写作背景

《将进酒》是汉乐府短箫铙（náo）歌里的曲调，意思是请喝酒。李白这首诗大约写于唐朝天宝十一年（752年），这年他五十一岁，距他被唐玄宗赐金放还已经有八年。这一年，李白和好朋友岑勋、元丹丘三人登高饮宴，不仅写下了《将进酒》，还写下了其他作品来记录这件事。

> ……不以千里遥，命驾来相招。中逢元丹丘，登岭宴碧霄。对酒忽思我，长啸临清飙（biāo）……开颜酌美酒，乐极忽成醉。我情既不浅，君意方亦深。相知两相得，一顾轻千金。且向山客笑，与君论素心。
>
> ——《酬岑勋见寻就元丹丘对酒相待，以诗见招》

文本解析

将（qiāng）进酒①

君不见②黄河之水天上来③，奔流到海不复回。
君不见高堂④明镜悲白发，朝如青丝⑤暮成雪。

人生得意⑥须尽欢，莫使金樽（zūn）空对月。

天生我材必有用，千金散尽还复来。

① 将进酒：请饮酒。汉乐府旧题，原是汉乐府短箫铙（náo）歌的曲调。将，请。

② 君不见：乐府诗常用作提醒人语。

③ 天上来：黄河发源于青海，因那里地势极高，故称"天上来"。

④ 高堂：高大的厅堂。

⑤ 青丝：指黑发。

⑥ 得意：指有兴致。

您不见这黄河的水像是从天上流下的一样，一路奔到大海，不再回头；您不见父母在明亮的镜子前悲伤自己的头发早上还和黑丝一般，傍晚就变得雪白。人生在有兴致的时候就应当尽情欢乐，不要让酒杯空空对月。上天给我的才能，一定能有施展的地方，千金的家财花完了，总能有再回来的时候。

烹羊宰牛①且为乐，会须②一饮三百杯。岑（cén）夫子③，丹丘生④，将进酒，杯莫停。与君歌一曲，请君为我倾耳听。

① 烹羊宰牛：指丰盛的酒宴。典故出自曹植《箜篌引》："中厨办丰膳。烹羊宰肥牛。"

② 会须：应当。

③ 岑夫子：即岑勋。

④ **丹丘生**：即元丹丘，当时的隐士。

在这盛大的宴会上就应当尽情享乐，更应当一口气饮下三百杯酒。岑老爷子，丘生老弟，请喝一杯，酒杯别停。让我来为你们高歌一曲，请你们认真地听。

钟鼓馔（zhuàn）玉①不足贵，但愿长醉不愿醒。古来圣贤皆寂寞②，惟有饮者留其名。陈王③昔时宴平乐，斗酒十千恣（zì）欢谑（xuè）④。

① **钟鼓馔玉**：指击钟敲鼓，食用珍美的菜肴，代指富贵豪华的生活。馔玉，像玉一样珍美的食品。

② **寂寞**：指默默无闻。

③ **陈王**：指曹植，曾被封为陈王。

④ **斗酒十千恣欢谑**：喝着名贵的酒，纵情地欢乐戏谑。斗酒十千，一斗酒价值十千钱。

钟鼓馔玉这样的富贵生活对我而言并不珍贵，我只希望喝醉以后不再醒来。自古以来，那些圣人贤者们都是孤独寂寞的，只有那些爱饮酒的才子留下了他们的大名。陈王曹植在平乐观举行盛宴，尽管一斗酒花费十千钱也要让宾客们尽情欢乐。

主人①何为言少钱，径须沽（gū）取②对君酌。五花马③、千金裘，呼儿将出④换美酒，与尔同销⑤万古愁。

① **主人**：指元丹丘。

② **径须沽取**：毫不犹豫地买酒。径须，直须、应当。

③ 五花马：一种名贵的马，毛色作五花（一说把马鬃修剪成五个花瓣）。

④ 将出：拿出，牵出。

⑤ 销：排遣。

丹丘啊，你为什么说自己缺少买酒的钱？只管买酒来跟大家一起痛饮。名贵的五花马，昂贵的裘皮大衣。侍儿，把它们拿出来去交换美酒，让我与你们一同排遣那流淌万年的愁怨吧。

窦神解读

1. "高堂"何解

高堂是高大的厅堂，指父母。古时候人们最典型的住宅结构是方形的，类似于四合院。这种方形院子里最好的位置在北边，因为中国在北半球，太阳到正午时分就到了南边，所以北边的房间采光最好。天安门广场是朝南的，故宫也是朝南的。住宅里北边最中央的这间房一般就叫堂屋，家里的长辈一般来说就住在这里。又因为堂屋比较高（古人一般会把堂屋垫得高一点，进门的时候需要登台阶上去，这就叫"登堂入室"），所以父母就叫"高堂"。

2. "天生我材必有用"

这里的"材"为什么是木字旁的"材"呢？因为古人经常用木头来比喻人，比喻自己的才干。中华民族是农耕民族，对土地和生长在土地里的东西有特别浓厚的情感。古时候人们说一棵树长得直不直、好不好，就像是在说一个人成长得顺不顺，品德好不好。因此这里的"材"字有木字旁。"天生我材必有用"

是说我的天赋、才干一定会像树木一样，总有一天会有用武之地。

3. 翻译小妙招

翻译诗歌中的典故时，我们要把典故原原本本地抄上，然后再对它进行扩展性的解释，这叫作整体翻译法。

以翻译"烹羊宰牛"为例，用整体翻译法就是"像烹羊宰牛这样丰盛的宴会"。"烹羊宰牛"出自曹植的《箜篌引》"中厨办丰膳，烹羊宰肥牛"。因为已经有人说过这样的话，所以我们不能翻译成"煮羊杀牛"之类，这样会弱化李白引用典故的用意。

除了翻译典故，遇到借代手法时也可以用整体翻译法，比如："钟鼓馔玉不足贵"。钟鼓指的是大贵族的晨钟暮鼓，馔玉就是像玉一样精致的美食，这里用来指代富贵的生活。所以"钟鼓馔玉不足贵"应该整体翻译为"钟鼓馔玉这样的富贵生活对我来说不算珍贵"。

另外看"岑夫子，丹丘生，将进酒，杯莫停"。岑夫子就是岑勋，我们翻译时到底应该保留"岑夫子"，还是翻译成"岑勋"呢？其实，我们应该保留"岑夫子"，因为李白在这里想要表达对前辈的尊敬，如果舍弃"夫子"直接用名字来翻译就会显得不尊敬。当然，还有另外一种"细节翻译法"，就是翻译成"岑勋老爷子"，这样既保留了李白对前辈的尊敬，也符合当今的语言习惯。细节翻译法就是为了把所有细节都照顾到，不惜扩展篇幅来解释的方法。

4. "与君歌一曲"何解

这里的"君"既可以指单数"你"，也可以指复数的"你们"，就像英语中的"you"一样。

既然是宴会，既然是喝酒，李白怎么喝着喝着就唱起歌了呢？这合理吗？其实是合理的。古代人喝酒常常会以歌助兴，一个人起身唱，剩下的人给他打节拍，跟着他的节奏唱，还要重复他的最后几句。比如一个人唱"风萧萧兮易水寒"，周围的人就要唱"易水寒、易水寒"；再唱"壮士一去兮不复还"，其他人就跟着唱"不复还、不复还"。

5. "古来圣贤皆寂寞，惟有饮者留其名"真是这样吗

李白在诗中说自古以来的圣贤们都被世人忘记，只有爱饮酒的人才留下了他们的美名。真是这样吗？其实也未必，一些爱饮酒的圣贤的确名垂千古了，但有些爱喝酒的人名声却不好。李白在这里想说的可能是饮酒为乐、啸聚山林的竹林七贤，也可能是"采菊东篱下，悠然见南山"的陶渊明。

6. 诗人的情感变化

《将进酒》中，李白刚开始的时候感到悲伤，因为人生太过短暂。他说"君不见黄河之水天上来，奔流到海不复回"，时光匆匆，从不回头；"君不见高堂明镜悲白发，朝如青丝暮成雪"，青春易逝，韶华易老。很快，李白就因为有酒喝而由悲转喜："人生得意须尽欢，莫使金樽空对月。天生我材必有用，千金散尽还复来。烹羊宰牛且为乐，会须一饮三百杯。"这时候，李白的心情是激昂的。可是没过多久他又开始愤恨："钟鼓馔玉不足贵，但愿长醉不愿醒。古来圣贤皆寂寞，惟有饮者留其名。"最后李白开始"发狂"："五花马、千金裘，呼儿将出换美酒，与尔同销万古愁。"想着把家产全卖了换酒喝。因此，这首诗里李白的情感经历了三个阶段：从悲到乐，从乐到愤，从愤到狂。

拓展升华

《将进酒》经常被人用来展示自己的朗诵功底，因为它喜悦之中带着哀伤，狂放之中又见伤感，是一首情感变化非常丰富的诗歌。有兴趣的同学可以尝试调动自己的情绪，充满感情地朗诵、背诵这首诗，说不定会有更深的体会。

必考必背

1. 君不见，黄河之水天上来，奔流到海不复回。君不见，高堂明镜悲白发，朝如青丝暮成雪。

2. 人生得意须尽欢，莫使金樽空对月。天生我材必有用，千金散尽还复来。

3. 钟鼓馔玉不足贵，但愿长醉不复醒。古来圣贤皆寂寞，惟有饮者留其名。

真题演练

阅读《将进酒》，回答下列问题。（2018 年四川省某高中月考题）

1. 对第一段诗句的解说，错误的一项是（　　）。

　　A."君不见黄河之水天上来，奔流到海不复回。"诗人以河水一去不返喻人生易老，以黄河的伟大永恒衬托生命的渺小脆弱

　　B."君不见高堂明镜悲白发，朝如青丝暮成雪。"将人生由青春至衰老的全过程说成"朝""暮"间事，把本来短暂的

人生说得更短暂

C. "人生得意须尽欢，莫使金樽空对月。"表现了作者消极的思想：人生得意时，要尽情地寻欢作乐，别让金杯玉露，空对天上明月。因为人生寿命如黄河之水耗入海，一去不复返，因此，应及时行乐，莫负光阴

D. "天生我材必有用，千金散尽还复来。"是诗人乐观自信的肯定自我价值的宣言，流露怀才不遇和渴望用世的积极思想感情

2. 下列句子节奏划分不正确的一项是（　　　）。

A. 君不见 / 黄河之水 / 天 / 上来，奔流到海 / 不 / 复回

B. 君不见 / 高堂明镜 / 悲 / 白发，朝如青丝 / 暮 / 成雪

C. 天生我材 / 必 / 有用，千金散尽 / 还 / 复来

D. 烹羊宰牛 / 且 / 为乐，会须 / 一饮 / 三百 / 杯

（答案见附录）

黄鹤楼

——诗仙李白都无法超越的"神作"

黄鹤楼

[唐]崔颢

昔人已乘黄鹤去，此地空余黄鹤楼。

黄鹤一去不复返，白云千载空悠悠。

晴川历历汉阳树，芳草萋萋鹦鹉洲。

日暮乡关何处是？烟波江上使人愁。

扫码听音频

作品简介

名称:《黄鹤楼》

出处:《全唐诗》

年代: 唐朝

体裁: 七言律诗

作者简介

作者: 崔颢（hào）

生卒: 约 704—754 年

籍贯: 汴州（今河南开封）人，原籍博陵安平（今河北安平县），出身"博陵崔氏"

成就: 唐朝著名诗人，唐玄宗开元十一年（723 年）进士。《旧唐书·文苑传》把他和王昌龄、高适、孟浩然并提，《全唐诗》收录崔颢诗四十二首。他的作品激昂豪放，气势宏伟，著有《崔颢集》

作品:《黄鹤楼》《辽西作》《长干曲四首》等

📚 背景介绍

文学背景

1. 江南三大名楼

江南名楼众多，最为人熟知的是"江南三大名楼"。一个是湖北武汉的黄鹤楼，一个是湖南岳阳的岳阳楼，还有一个是江西南昌的滕王阁。有关江南三大名楼的文学作品有很多，其中有三篇最有名，相当于这三大名楼的广告语。岳阳楼的广告语是范仲淹的《岳阳楼记》，里面有千古名句"居庙堂之高则忧其民，处江湖之远则忧其君。是进亦忧，退亦忧""先天下之忧而忧，后天下之乐而乐"。最有名的写滕王阁的文章是"初唐四杰"之一王勃写的《滕王阁序》，有千古名句"落霞与孤鹜齐飞，秋水共长天一色"。而有关黄鹤楼的最著名的作品就是崔颢的这首《黄鹤楼》。

三国时期，武昌属于吴国。因为这里地势较高，面对长江，视野宽阔，吴国就在这里建立了一座军事瞭望塔。到了晋朝，因为种种原因黄鹤楼变成了一座观赏楼。在这之后，黄鹤楼屡建屡废。从北宋之后至二十世纪五十年代，黄鹤楼还一度作为道教的名山圣地。我们现在看到的黄鹤楼是 1985 年重建的。

2. 黄鹤楼传说

黄鹤楼有很多传说。第一个传说是黄鹤楼原楼建在武昌黄鹄（hú）矶上，"鹄"是天鹅的意思，黄鹄矶的字面意思是黄天鹅小岛。后

微课扫一扫

人把"鹄"念错了，念成了"鹤"，以讹传讹，所以后来盖的一座楼就叫作"黄鹤楼"。

第二个传说是黄鹤楼是仙人乘黄鹤休息的地方。"昔费祎（yī）登仙，每乘黄鹤于此憩（qì）驾，故号为黄鹤楼。"古时经常有"仙人驾鹤西去"的说法。

第三个传说是道士报恩。辛氏酒楼的老板热情好客。有一个衣着破烂的道士常过来喝酒，喝完酒还不给钱，老板也不生气，从没赶他走。久而久之，道士自己都不好意思了，决定要报答老板，于是就拿橘子皮，在酒楼的墙上画了一只鹤，结果这只黄色的鹤居然动了，还活蹦乱跳的。客人们唱歌、拍手的时候，鹤会跟着节拍跳舞，许多客人都想来看看这个神奇的景象。十年后这个道士又来了，老板说，你让我发财了，你有什

我不走，我还要跳！

么要求我都答应，你想要多少钱？道士说，我不是问你要钱来了，而是找它有点事。只见道士吹了吹身上挂着的铁笛子，召唤出黄鹤骑着它飞走了。酒楼老板有感于此，于是拿出自己所有的积蓄盖了一座高楼，这座楼就是黄鹤楼。

崔颢生平

1. 名门望族中的"弼马温"

我们先来讲讲崔颢的家世，崔颢出身博陵崔氏。唐朝的四大家族是博陵崔氏、太原王氏、范阳卢氏、荥（xíng）阳郑氏，还有别的说法把荥阳郑氏换成了陈郡谢氏，称为"崔卢王谢"。在两种说法中崔氏都是排在第一，可见崔颢的家庭背景非常显赫。

再来看看崔颢这个人。崔颢生于大约704年，李白生于701年，比崔颢大三岁（在其他资料里还有一个说法是崔颢出生于694年）。崔颢是汴州人，他在开元年间中过进士，但是一直找不到贵人推荐，始终不得志。在明朝，如果你中了进士，那不需要有什么人来推荐，你自然就会飞黄腾达，因为科举考试的名次非常重要。但在唐朝，科举刚刚兴起不久，考中进士如果没有人推荐也做不了大官。所以崔颢漂泊二十余年，都是做一些小官，他做过最大的官叫太仆寺丞。太仆寺丞是什么官职？就是管理战马的，相当于"弼马温"。

2. 文品奇高，人品不敢恭维

《唐才子传》中是这样描述崔颢的："天宝中，为尚书司勋员外郎。少年为诗，意浮艳，多陷轻薄。"崔颢年少的时候写诗都特别轻浮，大多都是恋爱诗，而且总喜欢用女子口吻来写。

这种写法在当时是不受欢迎的，为很多崇尚雅正的人瞧不上，所以崔颢的名声并不响亮。崔颢虽然非常有文采，诗坛地位很高，跟孟浩然齐名，《全唐诗》收录了他四十几首诗和好几篇文章，但由于他的名声不好听、人品不行，大家都看不上他。

> "后游武昌，登黄鹤楼，感慨赋诗。及李白来，曰：'眼前有景道不得，崔颢题诗在上头。'无作而去。为哲匠敛手云。然行履（lǚ）稍劣，好蒱①（pú）博，嗜酒。娶妻择美者，稍不惬（qiè），即弃之，凡易三四。"——《唐才子传》

崔颢最大的爱好就是喝酒、赌博、结婚。他结婚总是娶漂亮的女子，后来又不喜欢人家了，就一纸休书把她抛弃，然后再找一个漂亮的女子结婚。所以他的人品被当时的人质疑。

北海太守李邕，人称"李北海"听说了崔颢的大名，就专门请他来家里聊一聊。结果崔颢来了之后，写了一首诗，叫《王家少妇》。

> 十五嫁王昌，盈盈入画堂。自矜年最少，复倚婿为郎。
> 舞爱前谿②（xī）绿，歌怜子夜长。闲来斗百草，度日不成妆。

---

① 蒱：a.古代玩类似掷色子之类的游戏；b.色子，如"稍见云中白若樗（chū）蒱数十立者，山也。"
② 谿：读作 xī，基本字义同"溪"，泛指小河沟。

在诗里崔颢把自己比作一个十五岁的女孩子，把李邕比作一个大帅哥，这首诗的意思是我是个女孩子，十五岁就嫁给了"王帅哥"，他有钱、有才、英俊。你看中了我，我很傲娇，我正值青春年少，却早早嫁了人，我唱歌跳舞，但还是觉得不得志，我连每天好好化妆的心情都没有。这首诗其实表达的就是崔颢没有被人重用。但是这首诗写得太"艳"了，李邕瞧不起，说："小儿无礼！"李邕也不再理他。

"晚节忽变常体，风骨凛然。一窥塞垣，状极戎旅，奇造往往并驱江、鲍。"崔颢晚年到了边塞，见到塞外的广阔奇景，体验过戍边生活之后，性情大变，文风变得刚健清正。他写出了一些特别雄奇的边塞诗，甚至能赶上南梁的江淹和鲍照，水平很高。

3. 为诗消得人憔悴

"颢苦吟咏，当病起清虚，友人戏之曰：'非子病如此，乃苦吟诗瘦耳。'遂为口实。天宝十三年卒。有诗一卷，今行。"崔颢喜欢苦吟，为了写一句好诗、一篇好文章，他要苦苦琢磨，最后把自己都给累病了。于是朋友说崔颢为了写诗都瘦了。果不其然，没几年崔颢的身体越来越差，在天宝十三年（754 年）就去世了，只留下一卷诗书。

写作背景

古往今来，文人墨客写下许多跟黄鹤楼有关的古诗。例如，李白的《黄鹤楼送孟浩然之广陵》："故人西辞黄鹤楼，烟花三月下扬州。"毛泽东填了一首词《菩萨蛮·黄鹤楼》："黄鹤知何去？剩有游人处。把酒酹滔滔，心潮逐浪高。"但他们都比不上崔颢的这首《黄鹤楼》。正是崔颢这首《黄鹤楼》珠玉在前，所以李白到了黄鹤楼上，本来想写诗，却不敢写，因为崔颢的这首《黄鹤楼》写得太好了！可这一首《黄鹤楼》很怪，它是一首七言律诗，但是前面又不像律诗，反而像古体诗。律诗是特别讲究格律的，字是平声还是仄声，该不该押韵，要不要重复都有严格的要求，而且律诗尤其排斥重复。而古体诗不讲究，有重复不要紧，不合格律不要紧，连着出现平声字也不要紧。这首诗的前四句仅"黄鹤"就重复了三次，后面四句才符合律诗的要求；李白一看，这首诗写得那么洒脱自如，自然不敢写了。这说明崔颢不是不懂律诗，相反他很懂律诗，他是明知不合格律而为之，为的就是不被遣词造句干扰表达。这样写诗非常自由，别人很难模仿，一模仿就成东施效颦了。拿传统的律诗和这首浑然天成的作品相比，肯定是比不过的。李白想了半天也觉得自己写不过崔颢，就搁笔不写了。现在，黄鹤楼的东边还有一座亭子叫"搁笔亭"。"及李白来，曰：'眼前有景道不得，崔颢题诗在上头。'"意思就是崔颢之前写过《黄鹤楼》，李白承认写不过人家，不敢再写。

📖 文本解析

黄鹤楼

昔人①已乘②黄鹤去，此地③空④余黄鹤楼。
黄鹤一去不复⑤返⑥，白云千载空悠悠⑦。

① 昔人：传说中骑鹤飞去的仙人。

② 乘：驾。

③ 此地：这个地方，指的是这个水中的小岛——黄鹄矶。

④ 空：只。

⑤ 复：再。

⑥ 返：返回。

⑦ 悠悠：飘飘荡荡的样子。

昔日传说中的仙人已经乘驾着黄鹤离去，如此飘然。这黄鹄矶上，只剩下空荡荡的黄鹤楼正在眼前。黄鹤这一去就再也没有折返，只有白云在天上飘飘荡荡，如此悠然。

晴川^① 历历^② 汉阳树，芳草萋（qī）萋^③ 鹦鹉洲^④ 。
日暮^⑤ 乡关^⑥ 何处是？烟波江上使人愁。

① 晴川：晴日里的原野。川，平川、原野。

② 历历：分明的样子。

③ 萋萋：草木茂盛的样子。

④ 鹦鹉洲：在黄鹤楼东北的小沙洲。

⑤ 日暮：傍晚时分。

⑥ 乡关：故乡。

阳光照在黄鹤楼前的原野上，汉阳城边的一棵棵树木清晰可辨，芳草茂密碧绿，覆盖着远处的鹦鹉洲。傍晚时分眺望远方，何处才是我已离开很久的故乡？望着眼前这一片如烟一样浩渺的、暮霭笼罩着的江面，我心中又涌起了思乡的愁怨，对离开的故乡又有了无比的眷恋。

窦神解读

1. "空" 的解读

"空余黄鹤楼"，黄鹤楼下已经没有仙人的踪迹，所以它是空的。这个 "空" 指的是空间层面，表达了崔颢仕途不顺、四处漂泊时内心的孤寂和孤愤。"白云千载空悠悠"，"悠悠" 就是飘飘荡荡的样子，指白云千百年来都在天上飘荡。第二个 "空" 是指时间层面，表现时间流动下的空和静，千载依旧的空，表达了崔颢内心的怅然若失。

2.《黄鹤楼》的精妙

（1）打破律诗常规，起承转合衔接自然

《黄鹤楼》在前三句就出现了三个"黄鹤"，这种写法在律诗里一点都不严谨，但它却是第一律诗。

首联、颔（hàn）联、颈联、尾联是律诗的四联，律诗的基本要求是"起承转合"。一首八句的律诗，它的结构一般是一、二两句为首联，先起头，说明本诗写什么，这叫"起"；三、四两句紧跟着一、二两句把它展开，叫作"承"；但是一首律诗最漂亮的地方应该是五、六两句，也就是颈联，叫作"转"，"转"如果写得好，就很容易成为千古名句；最后是"合"，七、八句把诗人的情感和前面的内容进行归纳，这就是律诗的"起承转合"。我们平时写作文也要讲究"起承转合"，前面的开头接主题，要破题；然后紧接着承题，把题目"打开"；叙事的过程中，要有转折和跌宕起伏，叙事要有波澜；最后的情感要凝练，得到升华，将情感扩大，由内而外，由自己扩大到别人，再由人扩大到外物、社会甚至整个世界。

《黄鹤楼》中的"起承转合"就用得很好，它分成了两个部分：一、二两句是第一部分，说的是黄鹤楼，写的是回忆；突然间第三句回到了眼前的现实，这个"转"转得很"陡"，但是转得很漂亮，这就是《黄鹤楼》的第一个妙处。

（2）画面感和音乐美

一通百通，写景的诗主要有两个要求。

第一个要求，要有画面感，写的内容必须让人在读的过程中眼前能浮现出画面。这首诗虽然短，是一首七言律诗，不像古体诗那样长，但是它里面的景非常丰富。这首诗中有近景、远景、虚景、实景，有想象的仙人骑黄鹤，也有眼前真正看到的黄鹤楼，有白天的景，也有傍晚的景，变化奇妙。

第二个要求，要有音乐美，读起来朗朗上口，才能带给人美的共鸣，否则会大煞风景。

《黄鹤楼》的韵脚是"ou"，每一联的最后一个字都押"ou"韵，不是一声平声，就是二声扬声，押了四次韵，非常有音乐美。所以我们在解析的时候，最难和最高的要求就是在准确、通顺的基础上，尽量也做到押韵。

3. 乡愁

乡愁是千古以来诗人们永恒不变的话题。因为真正的大诗人其诗情和灵感被激发的时候，往往都是在外漂泊，所以那些思乡怀乡的诗才会那么动人。

除了这首《黄鹤楼》，崔颢写的《长干曲四首·其一》也是抒发乡愁的，并且水平极高。

《长干曲四首·其一》

君家何处住？妾住在横塘。

停船暂借问，或恐是同乡。

第一句问，您家住在哪里？第二句里有"妾"，显然是个女孩在问：先生，你的老家是哪里的？我家就在金陵的横塘，我听你的口音也像我们横塘的人。第三句说，停下船吧，我想问你一句话，恐怕咱俩是同乡。

为什么说这首诗的水平极高呢？因为没有人像他这么写，开篇看似是一段很突兀的对话，但是却把这一幕情景表现得淋漓尽致，完全没有交代其他任何东西，就让读者在眼前浮现出了画面。这段突兀的对话反而给人一种异乡漂泊的孤独感。

这首诗写的大概是一个女孩子在江上划着船，结果听到旁边有人聊天，是一个男子在说话，这个男子的口音是她老家的口音，于是她马上就问："君家何处住？妾住在横塘。"她还不等人家回答，就迫不及待地说我家住在横塘，这非常生动地表现出了她在异乡漂泊的孤独感。这样的写法很另类，很少有人在写诗的一开始就写对话。

这首诗很能体现崔颢的作诗水平，它跟《黄鹤楼》一起充分代表了崔颢的作诗水准。后世人一般把崔颢和王昌龄、高适、孟浩然并提。

我们七年级的时候在学校会学到王湾的《次北固山下》，这也是一首有关乡愁的名作。

次北固山下

客路青山外，行舟绿水前。
潮平两岸阔，风正一帆悬。
海日生残夜，江春入旧年。
乡书何处达？归雁洛阳边。

本诗的颈联，即五、六两句是千古名句，"海日生残夜，江春入旧年。"表达了作者无限的乡愁。

拓展升华

《黄鹤楼》是写景诗里的极品，是黄鹤楼的广告语。但这首诗真正想要表达的是崔颢身处异乡、漂泊在外的孤独，还有他仕途不顺、不被世人理解的惆怅和苦闷。诵其诗，读其书，知其人。一般我们在读诗人的作品时，还要了解他的人品和诗品，只有结合诗人的生平经历和其所处的时代背景，才能更深层次地发掘出作品的真意。

📘 必考必背

日暮乡关何处是？烟波江上使人愁。

📘 真题演练

阅读《黄鹤楼》，回答 1～2 题。

1. 下列对崔颢《黄鹤楼》一诗的赏析，有误的一项是（　　）。（2019 年辽宁省朝阳市中考题）

    A. 首联，开篇运用写实手法，从神话传说落笔具体写出黄鹤楼的悠久历史和神异色彩

    B. 颔联，由神话回到现实感受。诗人登上古楼，纵目远眺，只见碧空浩渺，白云悠悠

    C. 颈联，诗人视线从远处天际回落到地面景物，汉阳平野树木葱翠，鹦鹉洲上芳草如茵

    D. 尾联，描绘江面一片暮霭仿佛笼罩着烟雾一般，"愁"字作结，抒发了作者的情感

2. 下列对于《黄鹤楼》的分析不恰当的一项是（　　）。（2017 年江苏省徐州市中考题）

    A. 前四句抒写人去楼空、世事沧桑的感慨。两个"空"字

分别突出空间的虚无和时间的邈远

B. 颈联描写登楼所见之景，天地之间阳光朗照，远远望去，连天的衰草凄清荒芜

C. 尾联借景抒情，以夕阳西下、江面烟波浩渺之景，寄寓诗人远离故土、羁旅他乡的凄苦思乡之情，而自问自答的方式更强烈地表达了诗人孤独空寂之情

D. 全诗视野开阔，写景自然，抒情真挚，为咏黄鹤楼诗作之绝唱，历来为人传诵

（答案见附录）

茅屋为秋风所破歌

——悲天悯人的感人胸怀

茅屋为秋风所破歌

［唐］杜甫

扫码听音频

八月秋高风怒号，卷我屋上三重茅。茅飞渡江洒江郊，高者挂胃长林梢，下者飘转沉塘坳。

南村群童欺我老无力，忍能对面为盗贼。公然抱茅入竹去，唇焦口燥呼不得，归来倚杖自叹息。

俄顷风定云墨色，秋天漠漠向昏黑。布衾多年冷似铁，娇儿恶卧踏里裂。床头屋漏无干处，雨脚如麻未断绝。自经丧乱少睡眠，长夜沾湿何由彻！

安得广厦千万间，大庇天下寒士俱欢颜！风雨不动安如山。呜呼！何时眼前突兀见此屋，吾庐独破受冻死亦足！

📘 作品简介

名称：《茅屋为秋风所破歌》

出处：《杜诗详注》

年代：唐朝

体裁：七言古诗

📗 作者简介

作者：杜甫，字子美，号少陵野老

生卒：712—770 年

籍贯：生于河南巩县，祖籍湖北襄阳

成就：唐朝伟大的现实主义诗人，被后人誉为"诗圣"，与李白并称"李杜"。其诗被称为"诗史"

作品：《杜工部集》

📚 背景介绍

❀ 杜甫生平 ❀

1. 杜甫家世

杜甫出生于文学世家，是名门之后。他的祖先西晋的杜预是个文武全才，在西晋最终灭掉吴国的战争中担任了总指挥，他还特别爱读《春秋左传》，甚至到了痴迷的程度。当时，皇帝跟杜预聊天的时候说："和峤（qiáo）爱钱，王济爱马，那你爱什么呢？"杜预说："我爱《左传》。"杜预因为在文武两方面都取得了很高的成就，成了在明朝之前唯一一个既被放进文庙又被放进武庙供养的人。

2. 蜀中漂泊

杜甫生前曾经做过检校工部员外郎，所以人称"杜工部"；他也做过左拾遗，因此也有人叫他"杜拾遗"。

杜甫写《茅屋为秋风所破歌》时已四十九岁，算不算老呢？在盛唐，中国人的平均寿命只有二十几岁，更何况古代计算年纪的时候要算"虚岁"，这样看来，杜甫已经五十岁了。年纪这么大，杜甫却还在外漂泊，流落到了蜀中。

在蜀中时，杜甫在好朋友严武的帮助下盖了一间草堂，今天我们把这间草堂叫作"杜甫草堂"。在《茅屋为秋风所破歌》中，杜甫写道，风一吹就能把草堂的屋顶掀了，不仅如此，他还要被村里的小孩欺负，这些小孩随随便便就把盖屋子的茅草抢走了。可见，杜甫在蜀中漂泊的生活实在是太艰难了。

我们把杜甫和其他古代诗人比较一下，会发现，他真的是古代诗人里经济状况特别差的。李商隐再惨，还能吃饱饭；杜牧再惨，也做过刺史，养活自己从来不是问题。而杜甫年过半百，只是一名村夫野老，连基本的温饱都成问题。但恰恰是生活的磨砺，成就了杜甫在诗坛的地位。

3. "诗史"

"诗史"指能反映某一时期的重大社会事件的诗歌作品。杜甫的诗歌之所以被称作"诗史"，是因为他的诗歌反映了唐朝"安史之乱"前后的社会情况，有很高的历史价值。不过，要说明为什么杜甫的诗歌反映了社会现实，我们需要仔细区分浪漫主义和现实主义。

什么是浪漫主义和现实主义呢？浪漫主义对美好的事物充

满憧憬，当我们没有看到事物丑恶的一面的时候，往往以美为美，把美放大，把丑推远。这很像小时候学画画，每一朵花朵都被你画得非常饱满，从来没有一朵花是枯萎的，这种审美倾向是"以美为美"，是审美的第一阶段。后来当你逐渐见识了越来越广阔的世界后，发现不是所有事情都是那么美好的，你就不再画儿童画，而是开始画素描，描绘你眼中真实的世界，这叫作"以现实为美"。如果再进一步，当你发现你根本无法接受现实的丑恶时，就会开始批判、谴责这些丑恶，这叫作"以丑为美"。这就是审美的三个阶段：以美为美、以现实为美和以丑为美。浪漫主义倾向于表现第一个阶段，现实主义则倾向于表现第二、第三阶段。

安史之乱后，社会出现了巨大的变化，从国泰民安到苍生离乱只用了短短几年的时间。长安米价飞涨；唐朝人口从五千多万变成了一千七百多万；因为没有粮食，长安城的一只死老鼠也能卖出天价……原本对社会充满信心的诗人们在目睹了这些残酷的社会现实之后，被迎面泼了一盆冷水。而像杜甫这样心怀苍生的人，心里更是堆积了满满的痛苦。他想要、也需要表达出内心的苦闷，于是他把唐朝由盛转衰的全过程用诗歌记录下来了。杜甫的诗歌流传到今天的一共有一千四百多首，大多内容深刻，情感丰沛，后人把他的诗歌的特征概括为"沉郁顿挫"。

4. 诗人入蜀

唐朝的许多诗人都有入蜀的经历：杜甫、岑参、高适、元稹、白居易、刘禹锡、贾岛、李商隐、温庭筠……对诗人来说，蜀地不仅是躲避战乱的避风港，而且是成就诗名的福地。

杜甫到成都以后，盖了一间草堂，叫作"浣（huàn）花草堂"。他在成都一共住了三年零九个月，留下了两百多首写成都的诗歌。这些诗歌内容丰富，如"城中十万户，此地两三家"（《水槛遣心二首》），还原了成都当时的城市格局与市容，描绘了成都人口的兴旺、繁荣。"锦城丝管日纷纷，半入江风半入云。此曲只应天上有，人间能得几回闻。"（《赠花卿》）描写了成都上层社会优雅、高档次的文化休闲生活，刻画了成都自古便有的浓厚音乐氛围。

时代背景

想要正确地理解杜甫的诗歌，必须要了解安史之乱。安史之乱是公元755—763年，由唐朝将领安禄山与史思明背叛唐朝后发动的战争，是二人同唐朝争夺统治权的内战，是唐朝由盛而衰的转折点。这场内战使得唐朝人口大量丧失，国力锐减。

盛唐时期，全国的士兵有五十八万左右，可是安禄山一个人就控制了约十八万的士兵，再加上史思明控制的将近四万的士兵，他们一共控制了二十二万左右的士兵，几乎占了总兵力的一半。安禄山和史思明手握重兵，起了造反之心。安史之乱开始，安禄山在幽州建立了国都，自称燕京，然后直接从幽州发兵，马不停蹄地攻向长安。他攻破了长安的屏障——潼关，长安因此陷落。后来，安禄山被他儿子安庆绪杀了，史思明又杀了安庆绪，史思明自己又被儿子史朝义杀了。最后史朝义兵败，自缢而死，安史之乱平息。大乱平息之后，杜甫非常高兴，写下了那首著名的《闻官军收河南河北》。

写作背景

公元 759 年，安史之乱尚未平息，杜甫对时政痛心疾首，可他根本插不上手，因为他在第一次做官时得罪了皇上被贬官，第二次做官时，他陷入了搭救房琯的政治斗争中，遭受审讯。杜甫本身官职不大，后来又被贬华州，官职就更低了，一个月的微薄工资却要养二十几口人，生活自然非常艰难。最后，杜甫愤而弃官，开始了漂泊的生活。

这草堂真是豆腐渣工程啊！

杜甫

杜甫几经辗转，到了四川成都。在老朋友严武的帮助下修建了"杜甫草堂"，总算有了一个栖身之所。草堂就是用茅草做成的屋子。茅草长得像一把长矛，长的大概可以有八九十厘米，短的也可以有四十多厘米。"杜甫草堂"用的可能是红茅草，因为红茅草能够防腐防虫，使草屋的使用寿命更长。可是在公元761年的一个秋夜，杜甫草堂的屋顶被突如其来的狂风暴雨掀翻了。遇到这样不幸的事情，杜甫的心情糟透了，又想到人世间充满苦难，还有千千万万连一间屋子也没有的老百姓，他感慨万千，于是写下了这首《茅屋为秋风所破歌》。

文本解析

八月秋高风怒号（háo），卷我屋上三重茅①。茅飞渡江洒江郊，高者挂罥②（juàn）长③林梢，下者飘转沉塘坳④（ào）。

① 三重茅：多层茅草。三，泛指多。

② 挂罥：挂着，挂住。罥，挂结。

③ 长：高。

④ 沉塘坳：沉到池塘水中。坳，水势低的地方。

已到八月深秋，突然间狂风怒号，狂风卷走了我屋顶上的好几层茅草。茅草飞过浣花溪，散落在对岸江边，飞得高的茅草挂到了高高的树梢上，飞得低的茅草飘飘转转，落到了池塘和洼地里。

南村群童欺我老无力，忍能对面为盗贼①。公然抱茅入竹②去，唇焦口燥呼不得③，归来倚杖自叹息。

① 忍能对面为盗贼：竟忍心这样当面做偷窃的事。

② 竹：竹林。

③ 呼不得：喝止不住。

南边村子的一群小孩欺负我年老没有力气，竟然忍心当着我的面做偷窃的事，公然地抱着茅草跑到竹林里去。我的嘴唇焦裂，口干舌燥，任凭我怎样呼喊，都劝阻不住这帮小孩。回来以后拄着自己的拐杖，我只能独自叹息。

俄顷①（qǐng）风定云墨色，秋天漠漠②向昏黑③。布衾④（qīn）多年冷似铁，娇儿恶卧踏里裂⑤。床头屋漏无干处，雨脚如麻⑥未断绝。自经丧（sāng）乱⑦少睡眠，长夜沾湿何由彻⑧！

① 俄顷：一会儿。

② 漠漠：阴沉迷蒙的样子。

③ 向昏黑：渐渐黑下来。向，渐近。

④ 布衾：布质的被子。衾：被子。

⑤ 娇儿恶卧踏里裂：孩子睡相不好，把被里蹬破了。

⑥ 雨脚如麻：形容雨点不间断，像下垂的麻线一样密集。

⑦ 丧乱：战乱，指安史之乱。

⑧ 何由彻：如何挨到天亮。何由，怎能，如何。彻，通，这里是"彻晓"（到天亮）的意思。

一会儿之后，风停了，云变成了像墨一样的颜色，深秋的天空阴沉迷蒙，渐渐黑下来。这床用布做的被子我盖了很多年了，硬得像一块铁板，孩子睡相不好，把被里都蹬裂了。一下雨，整个屋子里一点干的地方都没有，雨像麻线一样密集，一直都没有停止。安史之乱以来，我的睡眠时间就变得很少，长夜漫漫，屋子又漏，床都湿了，我该怎么挨到天亮呢？

安得① 广厦② （shà）千万间，大庇③ （bì）天下寒士④ 俱欢颜！风雨不动安如山。呜呼！何时眼前突兀⑤ （wù）见此屋，吾庐独破受冻死亦足！

① 安得：如何能得到。

② 广厦：宽敞的大屋。

③ 庇：遮盖，覆盖。

④ 寒士：贫寒的士人。

⑤ 突兀：高耸的样子。

怎样才能得到成千上万间又宽又高的屋子，来遮蔽天底下这些贫寒的读书人，让他们喜笑颜开，而房屋即使遇到风雨也不为所动，安稳得像一座山一样呢？哎呀！什么时候眼前能出现这样高耸的房屋呢？如果有那时，即使我的茅屋被秋风吹破、自己受冻而死也心甘情愿呀！

窦神解读

1. 写作思路

写记叙文的时候，我们一般会先叙事、后抒情，所以才有"事情"这一说法。写诗，写词和写一篇记叙文差不多，也可以遵循这个"套路"，比如绝大多数的词都是上阕写事，下阕抒情。

杜甫的《茅屋为秋风所破歌》也采用了这个写作思路。诗人先写事，主要从三个层面来写：第一层写狂风把屋顶上的茅草吹走了；第二层写南村的一群小孩把吹走了的茅草抢跑了；第三层写下雨时整个屋子都湿了。写完事，紧接着抒情，诗人说："哎呀！什么时候眼前能出现高耸的房屋呢？如果有那时，即使我的茅屋被秋风吹破、自己受冻而死也心甘情愿呀！"

2. 升华文章主题的方法

文章主题的升华也是有技巧可言的，在这里我们介绍两种升华文章主题的方法。

方法一：由己及人。从单纯地抒发个人感情上升到对群体的关怀，把一个人的事情向整个民族、整个国家、整个社会升华。《茅屋为秋风所破歌》使用的就是这种方法，杜甫把个人的不幸遭遇上升到对天下苍生的关怀，表现出诗人胸怀天下的悲悯情怀。

方法二：由物及人。例如，《荔枝蜜》中描述了蜜蜂的勤勤恳恳，作者联想到，连动物都能这样勤奋，更何况我们人类呢？从而使文章主题得到升华。

其实这两个方法还可以结合起来使用，"拐着弯儿"地升华——先由物及人，再由个人到群体地进行升华。

3. 季节那点事

中国古代使用的历法是农历，一年分为四季，一个季节有三个月。农历一、二、三月叫春季，四、五、六月叫夏季，七、八、

微课扫一扫

九月叫秋季，十、十一、十二叫冬季。每个季节的三个月又被人们分别冠以"孟、仲、季"的称呼，如春季的三个月分别叫作孟春、仲春、季春。以此类推，夏季就有孟夏、仲夏、季夏，秋季有孟秋、仲秋、季秋，冬季分别是孟冬、仲冬、季冬。

📖 拓展升华

《孟子》里说"穷则独善其身，达则兼济天下"，杜甫政治失意，生活贫苦，虽然他"穷"，可他仍有一颗想要"兼济天下"的仁者之心。杜甫是中国古代真正的君子！

📖 必考必背

安得广厦千万间，大庇天下寒士俱欢颜！风雨不动安如山。

📖 真题演练

阅读下面古代诗歌，完成1～2题。（2018年河北省中考题）

茅屋为秋风所破歌（节选）

俄顷风定云墨色，秋天漠漠向昏黑。布衾多年冷似铁，娇儿恶卧踏里裂。

床头屋漏无干处，雨脚如麻未断绝。自经丧乱少睡眠，长夜沾湿何由彻！

安得广厦千万间，大庇天下寒士俱欢颜！风雨不动安如山。

呜呼！何时眼前突兀见此屋，吾庐独破受冻死亦足！

1. 下列对诗歌的理解和分析不正确的一项是（　　）。

　　A. 本诗是杜甫由自身遭遇联想到安史之乱以来的万方多难而写下的脍炙人口的诗篇

　　B. "俄顷风定云墨色，秋天漠漠向昏黑"一句预示大雨将至，烘托诗人暗淡愁惨的心境

　　C. "娇儿恶卧踏里裂"一句表现出诗人对孩子在窘迫处境下还这么娇气顽皮的厌烦

　　D. "何由彻"和前面的"未断绝"照应，表现了诗人盼雨停盼天亮的迫切心情

2. "何时眼前突兀见此屋，吾庐独破受冻死亦足。"一句表现了诗人怎样的情怀？

_____

（答案见附录）

闻官军收河南河北

——杜甫生平第一"快"诗

闻官军收河南河北

[唐] 杜甫

扫码听音频

剑外忽传收蓟北，初闻涕泪满衣裳。

却看妻子愁何在，漫卷诗书喜欲狂。

白日放歌须纵酒，青春作伴好还乡。

即从巴峡穿巫峡，便下襄阳向洛阳。

📘 作品简介

名称：《闻官军收河南河北》

出处：《全唐诗》

年代：唐朝

体裁：七言律诗

📘 作者简介

作者：杜甫，字子美，号少陵野老

生卒：712—770 年

籍贯：生于河南巩县，祖籍湖北襄阳

成就：唐朝伟大的现实主义诗人，被后人誉为"诗圣"，与李白并称"李杜"。其诗被称为"诗史"

作品：《杜工部集》

📘 背景介绍

❧ 杜甫生平 ❧

1. 杜甫的地位

杜甫和李白为什么经常相提并论？因为李白和杜甫是盛唐的两大高峰。杜甫是盛唐诗歌史上现实主义的高峰，而李白是盛唐诗歌史上浪漫主义的高峰。他们两个人相差十一岁，合称为"李杜"。为了跟后来的杜牧和李商隐区别，又叫"大李杜"。

"李杜"二人是并称的、齐名的，韩愈说："李杜文章在，光焰万丈长。"李白和杜甫的诗歌为后世留下了非常宝贵的精神财富。明朝以后，人们把杜甫称为"诗圣"。杜甫创作了大量的现实主义诗歌，他的诗在晚唐之后被称为"诗史"。所以杜甫真正出名是在他去世之后。杜甫的诗集叫作《杜工部集》，因为他曾做过严武的幕僚，担任检校工部员外郎。

2. 李白的"迷弟"

杜甫比李白小一些，他很崇拜李白，李白也比较欣赏他。李白流传于世的诗有一千余首，这些诗中有四首提到了杜甫。杜甫有一千四百多首诗流传于世，有二十首提到了李白，比如《赠李白》《饮中八仙歌》《春日忆李白》《梦李白二首》《冬日有怀李白》《天末怀李白》《与李十二白同寻范十隐居》《寄李十二白二十韵》《苏端薛复筵简薛华醉歌》等。"李十二白"就是李白，因为李白在家排行十二。如果把这些题目翻译成现代汉

微课扫一扫

语，你就知道杜甫多肉麻、多崇拜李白了，"李白我想你了""李白我又想你了""我和李白一起去找老范玩儿""冬天想李白""春天还想李白""我梦见了李白""在天的尽头想李白""写给李白的一首二十韵的诗""苏端请我喝酒，我喝多了想起李白""那些年和李白、高适旅游的日子"。杜甫就是这样，是李白的"迷弟"。

太白兄，
你看我给你写了好多诗啊！
《冬天想李白》
《春天还想李白》……

哦。

杜甫

李白

3. 不会做人，不会生活，还不会做官

李白在四十四岁见到杜甫的时候，已经名满天下，有好多朋友，而且大家都很追捧他。而杜甫当时三十三岁，跟李白的境况相比，杜甫就差得太远了。李白心里也有苦，个人的不幸、国家的困难，但是李白总是一笑而过，而杜甫却是郁郁寡欢，所以大家不喜欢杜甫。因为在唐朝，人们是非常开放的，在开放的朝代，李白可能就会被追捧，所以说李白会做人，而杜甫

的为人处世就不太受大家的欢迎。

杜甫也不会生活。他一共有四个孩子，老大叫杜宗文，老二叫杜宗武。在杜甫四十几岁的时候，老三出生不久就夭折了，杜甫说是饿死的。杜甫还有一个女儿。杜甫的家人基本上一直都在忍饥挨饿，不光杜甫和他的妻儿，还有他整个家族的二十几口老小。因为杜甫家族的其他成员没怎么读过书，朋友更少，所以只能靠杜甫养活。杜甫带着他的家人到处奔波，二十几口人流落于西南，最后全家都差点饿死。所以杜甫在生活上也不太行，照顾不好自己的家人。

在做官方面李白不行，杜甫就更不行了。李白虽然不会做官，但他至少还能生活。杜甫不做官，就只能靠朋友接济，生活过得非常艰难。杜甫活着的时候写诗赚不了钱他常年担任八品官员，地位很低，工资也很低。不打仗的时候，杜甫家还能勉强糊口，可是一打仗，物价的飞涨远远超出想象，所以杜甫的儿子会因为饥饿而夭折。

时代背景

唐玄宗末年，唐朝的少数民族将领、三镇节度使安禄山盘踞河北大部，甚至侵犯到山西、山东这片区域，是盘踞华北平原的一头老虎。唐朝是个开放的朝代，各方面都在开放：文化在开放，思想在开放，它的地盘也在开放，所以唐朝的土地面积很大。因为唐朝疆域辽阔，加之那是一个各方面都开放的朝代，所以隶属于中央的士兵其实比较少。唐朝初年设置了六百五十多个折冲府，每个府驻兵八百到一千五百人不等；关中地区配有两百多个折冲府，将近全国的三分之一。结果到了唐玄宗末年，军队向边镇转移，边镇有士兵约五十万人，中央只有士兵约八万人。安禄山作为这五十万士兵中的一位将领，控制了十八万人，再加上他的私兵，最后他在称帝造反的时候宣称有二十二万士兵。在中央有士兵八万人，安禄山有士兵二十二万人的情况下，他当然敢称帝，与李唐王室一较高下。

公元755年12月，安禄山跟他的老乡、好朋友史思明勾结起来叛乱，发动了和李唐王室争夺天下的战争，这场战争史称"安史之乱"。后来，安禄山的儿子安庆绪把安禄山杀了，史思明又把安庆绪杀了，再后来史思明的儿子史朝义又把史思明给杀了。所以安史之乱的后期，叛军的主要权力就掌握在史思明的儿子史朝义手中。然而史朝义连连兵败，他的部将也陆续投降了李唐王室。公元 763 年 2 月，安家和史家最后的一个标志性人物史朝义自缢而死。安史之乱叛军的老巢就在现在的北京这片区域，其老巢蓟县就是现在的河北涿州，蓟北就是今天的北京。蓟北被克复标志着安史之乱正式结束。

安史之乱这场浩劫历经七年零二个月，大唐的天下十室九空，米价涨到上万文一斗，人口从五千多万变成了一千七百多万。在这场战争中有太多的老百姓枉死，这场战争给整个华夏蒙上了阴影。

写作背景

杜甫一直在流浪，通过投靠亲友存活。当时他漂泊到了成都，成都的剑南节度使叫严武，给他出了一笔钱修建浣花草堂，也就是现在成都的"杜甫草堂"。过了一段时间，严武去朝中做官，成都一个军阀趁机作乱，于是杜甫在成都待不下去了，一家就往东北方向搬迁，到了梓州（今四川省三台县）。正是在杜甫到梓州后不久，一天，突然从剑门关外传来了"王师克服中原，史朝义兵败身死"的消息！好消息终于来了，杜甫全家忍饥挨饿、漂泊异乡太久了，等这一刻太久了！杜甫就是在这时写下了《闻官军收河南河北》。

文本解析

闻[①] 官军[②] 收河南[③] 河北[④]

剑外[⑤] 忽传收蓟北[⑥]，初闻涕[⑦] 泪满衣裳[⑧]（cháng）。

① 闻：听说。

② 官军：唐王朝的军队。

③ 河南：今黄河以南的河南、山东等地区。

④ 河北：今黄河以北的河北、北京等地区。

⑤ 剑外：指作者所在的蜀地。

⑥ 蓟北：泛指唐朝蓟州北部地区，当时是叛军盘踞的地方。

⑦ 涕：眼泪。

⑧ 衣裳：衣服。上衣叫衣，下衣叫裳。

剑门关外忽然传来了官军克复贼军的老巢——蓟北的好消息，我刚刚得知这个消息时，激动得眼泪打湿了全身的衣服。

却看①妻子②愁何在，漫③卷诗书喜欲狂。

① 却看：回头看。

② 妻子：妻子和孩子。

③ 漫：随意地，胡乱地。

回头看到自己的妻儿们，他们脸上挥之不去的愁容不知去了何方。于是我胡乱地卷起书案上的诗书，高兴得就像是要发狂一样。

白日①放歌②须③纵酒④，青春⑤作伴好⑥还乡。

① 白日：白天。

② 放歌：放声高歌。

③ 须：应当。

④ 纵酒：开怀痛饮。

⑤ 青春：指春天。

⑥ 好：正好。

在这样一个明媚的日子里，我要放声歌唱，更应当尽情地饮酒。在这明媚的春天，一家老小相伴，正好启程回家。

即从巴峡① 穿巫峡②，便下襄阳③ 向洛阳④

① 巴峡：位于重庆以东，嘉陵江上（与今不同）。

② 巫峡：长江三峡之一，因穿过巫山得名。

③ 襄阳：今属湖北。

④ 洛阳：今属河南。

我立刻从巴峡向东，穿过迂回曲折的巫峡，紧接着就顺江而下来到襄阳，随后奔向我日思夜想的故乡——洛阳。

窦神解读

1. 杜甫听到这个好消息为什么要大哭

本诗首联的意思是"剑门关外忽然传来了官军克复贼军的老巢——蓟北的好消息，我刚刚得知这个消息时，激动得眼泪打湿了全身的衣服"。杜甫为什么会大哭呢？这明明是个值得高兴的好消息。其实，当人在长时间承受极大痛苦后，突然得知这份痛苦马上要过去了，一回想起那段痛苦的经历，还是会痛苦得"飙"出眼泪，这叫痛定思痛、不堪回首，所以杜甫的第一反应是大哭。国家收复失地，杜甫自己也能回到家乡了，这是大喜；可是天大的喜讯传来，还没来得及欢喜，回想过去的种种，不免未喜先悲。"喜极而泣"说的就是这种情况。

2. 杜甫为何而喜

"漫卷诗书喜欲狂"，杜甫是为自己和家人而喜吗？他终于可以回到家乡过好生活了，也不会再出现孩子被饿死的情况了。还是为国家而喜？黎民苍生终于不用再受战乱的压迫，终于可以休养生息，这个民族终于可以重新振作。很明显，杜甫既有为国的喜又有为家的喜，因为他不是那种狭隘的人，只为小我，也不是脱离生活实际、忘了自己快饿死的人，他也为自己的家人而喜。

那么，杜甫是为国而喜多一些，还是为家而喜多一些呢？换个说法，也就是当他自己悲、国家也悲，自己惨、国家也惨的时候，他更关注的是自己还是国家呢？这个问题其实不需要回答，你带着这个问题再去读杜甫的诗就会知道答案了，想一想杜甫的伟大之处，你就明白了。

3. 杜甫回乡路线图

熟悉地图的同学可能会有疑问，为什么杜甫不从巫峡出来之后就走陆路去襄阳呢？这样不是更近一些吗？

那是因为在古代，走水路的成本和时间都要少很多。在陆地上遇到任何一座山，必须绕过去甚至翻过去，所以走水路的路程看似长一些，实则轻松得多。没有人会从三峡直接出来，翻越山脉、越过盆地去襄阳，一定是先到江陵，然后从汉江溯流而上再到襄阳。

杜甫一路跋山涉水，经过了无数地方，可为什么他在尾联偏偏提到了"巴峡""巫峡""襄阳""洛阳"这四个地方，而不是别的地方呢？这看似杜甫随口提到的四个地方，其实都有他的精神寄托。他在巴峡一直依赖高适和严武两个人的帮助度日。到了夔州，夔州都督柏茂林对他照顾有加，所以杜甫在这里还算过了几年安生日子。"即从巴峡穿巫峡"说的就是梓州、成都和夔州这一带有人帮助过他。"便下襄阳向洛阳"一句中，杜甫的祖籍在襄阳，所以这里当然有他的精神寄托，而洛阳是杜甫的家乡，是他日思夜想要回去的地方。

4. 杜甫回家的愿望实现了吗

杜甫本想一路向北回家，但是后来船只方向却向南偏了一点，因此他们迷路了。杜甫来到了湖南耒（lěi）阳，这是他来到过的最南边的地方。耒阳有一个姓孟的县令，也是个不得志的人，得知杜甫一家老小在船上都快饿死了，就派人送去了牛肉和美酒。（后来有说法认为杜甫是因此噎死的，但不是很可信。）正是靠着县令的资助，杜甫一家老小才度过了困难时期。杜甫原本打算还要去郴（chēn）州，因为他的舅舅家在郴州，但现在既然得到了资助就不用去了，于是又直接北上岳州，继续向襄阳出发。岳州就是今天的岳阳，在洞庭湖附近，杜甫在洞庭湖也写了几首诗，最后就逝于那一带。"白日放歌须纵酒，青春作伴好还乡！"杜甫本来跳着舞唱着歌幻想着终于可以回家了，却倒在了半路。杜甫的儿子宗文和宗武两个人没什么大本事，甚至没有办法实现杜甫的遗愿——把他的棺材运到洛阳。后来是杜甫的孙子，杜宗武的儿子借钱把杜甫的棺材运到了洛阳。等杜甫终于"回到"家乡，梦想终于实现的时候，距离他写下这首诗已经过去了四十几年，直到那时，杜甫才真正"便下襄阳向洛阳"。

杜甫的孙子在运棺材的路上还碰到了一位大诗人——元稹，

于是当场邀请元稹给杜甫写了一篇墓志铭。杜甫当时其实并没有太大的名气，而且要请元稹这样的大诗人写墓志铭不给重金可能是办不成的，但是元稹却免费接下了这个活儿，而且在墓志铭中对杜甫的评价极高，甚至有失偏颇——"诗人以来，未有如子美者。"元稹说以前所有的诗人都不如杜甫。

5. 窦神解字

"初"这个字左边是个"衣服"的"衣"，右边是"刀"，表示用刀子裁剪衣服。新年时要做新衣服，有"刚开始、新的"的意思，所以"初闻"就是"刚刚听到"的意思。

"涕"和"泪"在古文中都指眼泪，二者有何区别？"涕"是先秦时期就有的字，"泪"是后来出现的字。它们一开始都表示"眼泪"。再后来，"涕"和"泪"的含义分化了，"泪"还是指"眼泪"，但"涕"还有了"鼻涕"的意思。

"即从巴峡穿巫峡"中的"即"字在甲骨文里的结构是，右边有一个人跪坐着，左边像放着的一碗饭，合起来就像人跪坐着马上要吃饭的样子。所以"即"就是"马上、立即、立刻、将要做某事"的意思。

6. 唐朝衣着

从诗歌的注释中我们知道"衣"指的是上衣、外套，"裳"指的是下衣、短裙。大家一听短裙可能会说："为什么男性要穿短裙呢？"那时候的下衣确实是类似短裙一样的东西，男女都穿。"裳"里面还有个合裆的短裤叫"裈（kūn）"，小腿上还有一个护小腿的衣服叫"胫衣"，大腿是光着的。

📗 **拓展升华**

　　《闻官军收河南河北》是杜甫的生平第一"快"诗，为什么叫作第一"快"诗呢？因为杜甫一生颠沛流离、命途坎坷、时运不济，他既没有考中进士，在官场上的运气又一直比较差，脾气、性格不能为盛唐时期的大气奔放所容，所以在官场上难以左右逢源。这样一来，杜甫写出来的作品几乎都是给人一种非常悲戚的感觉。可是《闻官军收河南河北》这首诗一反常态，是非常奔放、热烈、激动、昂扬的。诗歌中的景象反复切换着，全篇洋溢着喜悦：杜甫喜极而泣，上衣下衣全被眼泪打湿了，妻子孩子脸上的愁容也一下子消失了；然后他胡乱地卷起他的诗书，放声地高歌，纵情地饮酒，计划还乡。所以这是杜甫生平第一"快"诗。

📘 **必考必背**

　　白日放歌须纵酒，青春作伴好还乡。

📗 **真题演练**

　　阅读下面两首杜甫的诗，然后回答 1 ~ 2 题。（2017 年湖北省黄冈市中考题）

【甲】春望

　　国破山河在，城春草木深。感时花溅泪，恨别鸟惊心。
　　烽火连三月，家书抵万金。白头搔更短，浑欲不胜簪。

【乙】闻官军收河南河北

剑外忽传收蓟北，初闻涕泪满衣裳。

却看妻子愁何在，漫卷诗书喜欲狂。

白日放歌须纵酒，青春作伴好还乡。

即从巴峡穿巫峡，便下襄阳向洛阳。

1. 下列赏析不准确的一项是（　　　　）。

A. 甲诗开篇即写眼前之景：虽山河仍在，可城破国陷，一片荒凉衰朽景象。一个"破"字，令人触目惊心；一个"深"字，让人满目凄然

B. 甲诗尾联写诗人忧愁渐深，头发愈少，简直连簪子也别不上。这种愁情是诗人与亲人书信中断，思念亲人所致

C. 甲诗全诗由景及情，情景交融，感情深沉，含蓄凝练，充分体现了诗人"沉郁顿挫"的艺术风格

D. 乙诗抒写诗人情感时运用了神态描写和动作描写的手法

2. 甲诗写于安史之乱开始时，乙诗写于安史之乱结束时，两首诗都写到了"泪"，请分析它们各自蕴含的情感。

_____

_____

（答案见附录）

白雪歌送武判官归京

——大唐边塞诗的压卷之作

白雪歌送武判官归京

[唐] 岑参

扫码听音频

北风卷地白草折，胡天八月即飞雪。

忽如一夜春风来，千树万树梨花开。

散入珠帘湿罗幕，狐裘不暖锦衾薄。

将军角弓不得控，都护铁衣冷难着。

瀚海阑干百丈冰，愁云惨淡万里凝。

中军置酒饮归客，胡琴琵琶与羌笛。

纷纷暮雪下辕门，风掣红旗冻不翻。

轮台东门送君去，去时雪满天山路。

山回路转不见君，雪上空留马行处。

📘 作品简介

名称：《白雪歌送武判官归京》

出处：《岑参集校注》

年代：唐朝

体裁：七言古诗

📘 作者简介

作者：岑（cén）参（shēn），世称"岑嘉州"

生卒：约 717—769 年

籍贯：荆州江陵（今湖北荆州市）

成就：长于七言歌行，现存诗三百六十首，其边塞诗尤多佳作。风格与高适相近，后人多并称二人"高岑"

作品：《岑嘉州诗集》

背景介绍

文学背景

1. 边塞诗的产生

边塞诗又叫出塞诗。边塞诗是以边疆地区的居民生活和自然风光为题材的诗。早在汉朝的时候，由于汉人跟匈奴连年交战，就有了边塞诗。

之后的六朝时期也有边塞诗，那个时候的边塞诗刚起步。隋朝的时候边塞诗开始兴盛，唐朝的时候边塞诗达到顶峰，尤其是在盛唐时期。

早期的唐朝实行征兵制，士兵们平时是老百姓，打仗的时候就必须服役，打仗回来还是老百姓，这叫"平时为民，战时为兵"。

唐朝后来又出现了府兵制，将年轻力壮的老百姓集中在折冲府这样的军事机构进行生产生活，天天训练，同时还要干农活。到了战时，将领从折冲府领士兵奔赴战场，战争结束后再把士兵送回原处。

到了盛唐时期，朝廷启用了募兵制，以严格的要求招募愿意从军的百姓成为职业士兵，所以士兵的素质越来越高，作战能力也越来越强。既然是职业士兵，就不能像之前那样战争结束后就回折冲府，或者是回家种田，而是要一直待在边疆。这个时候，从军的诗人们看着这苍茫的边塞景色，过着无聊乏味的边塞生活，想念着远方家乡的亲人……这让他们思绪万千，从而产生了抒发情感的冲动，所以这个时期的边塞诗十分繁荣。

唐朝是边塞诗的黄金时代，这个时期的边塞诗主要写边塞风光、边疆的艰苦生活，将士们杀敌报国、建功立业的满腔热血和抱负，以及边疆战士们思乡的愁思和苦闷。这些情感主题在历朝历代都有。宋朝范仲淹的"人不寐，将军白发征夫泪"，《木兰诗》中的"朔气传金柝，寒光照铁衣"，都表达了思乡之情。边塞诗的主要意象有烽火、狼烟、战马、宝剑、铠甲、孤城、胡琴、琵琶、羌笛、胡雁、鹰、夕阳、大漠、瀚海（瀚海就是沙漠）、长城等。胡琴、琵琶、羌笛等是胡乐乐器，这些都跟边塞生活息息相关。

2. 唐朝的边塞诗

唐朝的边塞诗在不同的时期有不同的风格。初唐时期的边塞诗比较激昂，大多表达了诗人们渴望建功立业、开疆扩土的热血抱负，如杨炯的《从军行》。

微课扫一扫

从军行

烽火照西京，心中自不平。

牙璋辞凤阙（què），铁骑绕龙城。

雪暗凋旗画，风多杂鼓声。

宁为百夫长，胜作一书生。

"烽火照西京"中的"西京"就是长安了。"心中自不平"意为边塞的烽火狼烟点着了，传到了长安，我的心里面怎么能平静？"牙璋辞凤阙"是指将士离开了皇宫直奔战场而去。"铁骑绕龙城"中的"龙城"是匈奴的要地，就是他们的据点。"雪暗凋旗画"意为雪下得太大，把战旗的颜色都给褪去了。"风多杂鼓声"是指刮来的风里面夹杂着战鼓的声音。"宁为百夫长，胜作一书生"是指宁可当一个百夫长上阵杀敌，也不要做一个舞文弄墨的书生。这首诗对战争的描述十分激昂、痛快。但也有人认为这是杨炯在发牢骚，他觉得唐朝的统治者重视武将而不重视文士。

接下来到了盛唐时期，边塞诗更加大气昂扬，如王昌龄的《从军行七首（其四）》。

从军行七首（其四）

青海长云暗雪山，孤城遥望玉门关。

黄沙百战穿金甲，不破楼兰终不还。

这首诗的大意是黄沙弥漫，将士们身经百战，把自己穿的金属铠甲都磨穿了，打不破楼兰古国发誓不回。这首诗气象恢宏雄壮，气势冲天，代表了盛唐的强大和将士们的自信。

到了中晚唐，边塞诗的风格陡然一变，主旋律变得低沉，这就是盛极而衰后的无奈。代表作有李益的《夜上受降城闻笛》。

夜上受降城闻笛

回乐峰前沙似雪，受降城外月如霜。

不知何处吹芦管，一夜征人尽望乡。

"回乐峰"也有人写作"回乐烽"。"月如霜"，提到月亮就知道是在思乡了。"不知何处吹芦管，一夜征人尽望乡"意为不知道谁吹响了芦管，所有的征夫都望着自己的家乡。这是中晚唐边塞将士们的无奈。这个时候的李唐王朝已经濒临崩溃，将士们的荣誉感和沸腾的热血，在割据势力和李唐王室之间的相互斗争中消磨殆尽，这时候的将士已经没有了热情激昂，他们只想早日回家，厌战情绪十分明显。

安史之乱之后，人口从五千多万锐减到一千七百多万，人民饱受战争之苦。大家看透了战争，晚唐的人们同样这样认为，将士们只想回家，边塞诗就变得低沉了。但是，边塞诗的意味就在于它昂扬的男子气概，所以当情感变得低沉时，边塞诗就没落了。

岑参生平

1. "弹跳"的矛盾人生

岑参做过刺史，他的父亲也做过刺史，对他家的人来说，刺史这样的官并不算大，因为岑参出身相门。他的曾祖父叫岑文本，是辅佐过唐太宗的宰相；他的伯祖叫岑长倩，是唐高宗时期的宰相，但后来因为反对武则天立武三思为太子，被武氏家族报复，岑长倩和他的五个儿子都被斩首；岑参的伯父叫岑羲，是唐睿宗时代的宰相，也被杀掉了。虽然岑参的父亲没有被斩首，保住了性命，但是从他父亲那一代起，岑家就开始没落了。在没落的贵族官僚家族里出生的有才华的人，要么选择归隐，要么选择做官光耀门楣、振兴家族。但是岑参似乎始终在这两条线上来回"弹跳"。他一会儿像李白"安能摧眉折腰事权贵，使我不得开心颜"那样想要听从本心，归隐山林，不与权贵同流合污；一会儿又想要"穷则独善其身，达则兼济天下"，努力实现自己的抱负和政治理想，光宗耀祖。从岑参的作品中，我们可以明显看出他思想上的强烈矛盾。

2. 入"幕"之宾

岑参是荆州江陵人，他做过判官，做过员外郎，直到后来做到嘉州（今四川乐山）刺史，这算是他做过的最大的官了。古时候人们喜欢以官名或者工作过的地方的地名代人名，于是人们把他叫作"岑嘉州"。杜甫做过"拾遗"，也做过检校工部员外郎，所以人们把杜甫叫作"杜拾遗""杜工部"；柳宗元做过柳州刺史，世称"柳柳州"。

什么是幕府？幕府是指古代权力大的王侯将相可以设置自己的下属官员，而且不需要经过中央的任命。这是好还是坏呢？它既有好处也有坏处。好处就是幕府有一定的自治权，它的行政效率特别高；而坏处就是幕府的长官和幕僚之间形成了隶属关系，脱离了中央的控制，容易拥兵自重，结党成派，跟朝廷对抗。

所以自古以来，朝廷和幕府两股力量一直在角逐。岑参第一次出塞时，是在高仙芝的幕府担任幕僚，第二次出塞是在封常清的幕府里担任幕僚。

3. 家族没落，客死异乡

岑参家境孤贫，因为父亲很早就去世了，他只能跟着兄长学习。岑参天资聪慧，五岁读书，九岁就可以赋诗写文。二十岁时，岑参就来到了长安，开始献书求仕。唐朝的时候，文人们需要经过一些达官显贵的引荐才能青云直上。于是，他们常到权贵家门口守着，见到了权贵就作揖行礼，把自己写的诗、赋、文章、笑话、小说等送到权贵的手里，希望得到青睐，盛唐传奇就是这样兴盛起来的。岑参也曾献书献诗给对文人士大夫的仕途特别有影响力的几个关键人物。杜甫曾写过"朝扣富儿门，暮随肥马尘。残杯与冷炙，到处潜悲辛"，意思是跟在人家的肥马后面吃着土，吃人家的残汤冷炙，到人家门口求见，却备受冷待，为的就是能让有话语权的官员为他们举荐。这些贫寒的文人过得非常辛酸，奔走于河洛之间，漫游于河朔之间。

岑参前后两次出塞，创作了三首比较重要的诗。前两首写的是同一时间的同一件事，就是《走马川行奉送封大夫出师西征》，这是写给他第二次出塞时的长官安西节度使封常清的。封常清和岑参的第一任长官高仙芝都是唐朝名将，屡获战功，深受朝廷认可。但是他们二人在安史之乱的时候被宦官监军诬告出师不利、贻误战机，两个人都被杀了。高仙芝和封常清死后，岑参的仕途就更没有希望了，他后来被罢官，最后逝于成都。

写作背景

《白雪歌送武判官归京》中的武判官就是岑参的上一任判官。岑参被派去前线当判官后，武判官就卸任了，回京城另有任用。岑参送武判官回京时，写下了这首诗。

文本解析

白雪歌送武判官[①]归京

北风卷地白草[②]折（zhé），胡天[③]八月即飞雪。

忽如一夜春风来，千树万树梨花[④]开。

① 武判官：名不详。判官，官职名，是节度使、观察使一类官吏的僚属。

② 白草：一种晒干后变为白色的草。

③ 胡天：指塞北的天空。胡，古代汉民族对北方各民族的通称。

④ 梨花：春天开放，花作白色。这里比喻雪花积在树枝上，像梨花开了一样。

北风席卷大地，把白草也吹折断了。这塞北的天空，八月份竟然就飘飘扬扬下起了大雪。忽然间仿佛是一夜春风刮来，千树万树就好像是梨花盛开了一般。

散（sàn）入珠帘湿罗幕①，狐裘②（qiú）不暖锦衾（qīn）薄③（bó）。

将军角弓④不得控，都护⑤铁衣⑥冷难着⑦（zhuó）。

① 珠帘：用珍珠缀成的帘子。形容帘子的华美。罗幕：用丝织品做成的帐幕。形容帐幕的华美。这句诗是说雪花飞进珠帘，沾湿罗幕。"珠帘""罗幕"都属于美化的说法。

② 狐裘：狐皮袍子。

③ 锦衾薄：织锦被都显得单薄了。形容天气很冷。

④ 角弓：一种以兽角作装饰的弓。

⑤ 都护：唐朝镇守边镇的长官。

⑥ 铁衣：铠甲。

⑦ 着：穿。

雪花透过帘子飘进营帐，打湿了营帐内的幕布。穿着狐裘都感觉不到暖和，盖着锦被，只觉得这锦被太单薄了。将军们用兽角作装饰的硬弓冻住了，怎么拉也拉不开。都护的这身铁甲穿在身上，奇寒难忍。

瀚（hàn）海①阑干百丈②冰，愁云惨淡③万里凝。
中军④置酒饮（yìn）归客⑤，胡琴⑥琵琶与羌笛。

① 瀚海：沙漠。

② 百丈：一作"百尺"，一作"千尺"。

③ 惨淡：暗淡。

④ 中军：指主将。

⑤ 饮归客：宴请归京的人，指武判官。饮，动词，宴请。

⑥ 胡琴：泛指西域的琴。

沙漠中已经结了百丈的冰，上面有栏杆一般纵横的裂纹。天边积聚着一堆愁云，在万里长空之上让人的心情更加压抑。主将的营帐中摆了酒席来宴请将要回京的武判官等人，还叫来了军队里面的乐师，奏响了胡琴、琵琶、羌笛给我们助兴。

纷纷暮雪下辕门①，风掣②（chè）红旗冻不翻③。
轮台④东门送君去，去时雪满⑤天山路。
山回路转⑥不见君，雪上空留马行处。

① 辕门：领兵将帅的营门。古代军队扎营，用车环围，出入处以两车车辕相向竖立，状如门。

② 掣：拉，扯。

③ 翻：飘动。

④ 轮台：唐轮台在今新疆维吾尔自治区米泉县境内，与汉轮台不是同一地方。

⑤ 满：铺满。形容词活用为动词。

⑥ 山回路转：山势回环，道路盘旋曲折。

傍晚纷纷扬扬的一阵雪，下到了领兵将帅的营门之外。狂风怒吹着红旗，红旗却结了冰，怎么吹也吹不展。出了轮台的东门，我送你离去。离开的时候，大雪铺满了天山的山路。这山上的道路百转千回，曲曲折折，我渐渐地看不见正在离去的你。而在这雪地之上，我还能看到你骑着马刚刚踏过的痕迹。

📚 窦神解读

1. 篇章结构

这首诗的篇章结构非常巧妙。

第一部分，"北风卷地白草折，胡天八月即飞雪。忽如一夜春风来，千树万树梨花开。"写的是奇丽的雪景，风一吹过来连草都吹断了，八月份就下雪了。还没有到深冬，却仿佛看到了春天梨花开的景象，突出一个"奇"字。

第二部分，"散入珠帘湿罗幕，狐裘不暖锦衾薄。将军角弓不得控，都护铁衣冷难着。"写的是下了一场雪之后，气温骤然降低。

第三部分，"瀚海阑干百丈冰，愁云惨淡万里凝。中军置酒饮归客，胡琴琵琶与羌笛。"写的是在这一片壮阔的场景之下，营帐内大家热热闹闹、情感炽烈地在给武判官等人送别。

第四部分，"纷纷暮雪下辕门，风掣红旗冻不翻。轮台东门送君去，去时雪满天山路。山回路转不见君，雪上空留马行处。"写的是风雪夜送人，武判官等人踏上归途。

2. 岑参诗的特点

岑参诗的特点是什么呢？岑参的诗第一个特点是"奇"。杜甫与岑参兄弟同去旅游的时候，曾写下一首诗，第一句就是"岑参兄弟皆好奇"，就是说岑参兄弟两人都喜欢奇怪的东西，喜欢标新立异，不喜欢跟别人一样。所以在岑参的诗中经常可以看到一些奇景。第二个特点是"浪漫"。岑参明显是一个奔放、张扬的浪漫主义诗人，他的诗里经常有浪漫主义色彩。第三个特点是贴近西部民族。因为岑参常年在边塞生活，他对这些游牧民族的日常生活和风土人情非常了解，所以他在诗里提到羌族、回纥（hé）等游牧民族的时候有一种亲切感。

拓展升华

《白雪歌送武判官归京》这首诗写雪景奇丽多变，既有"忽如一夜春风来，千树万树梨花开"的柔婉，也有"瀚海阑干百丈冰，愁云惨淡万里凝"的壮阔，刚柔相济，松弛有度。全诗雪景远近切换，情感也随着景物变换跌宕起伏。本诗除了慷慨悲壮、浑然雄劲的主旋律之外，还有低沉肃穆的副歌，抒发了诗人因友人返京而产生的惆怅之情和依依不舍之感。

必考必背

1. 忽如一夜春风来，千树万树梨花开。

2. 瀚海阑干百丈冰，愁云惨淡万里凝。

3. 山回路转不见君，雪上空留马行处。

📘 真题演练

阅读《白雪歌送武判官归京》，回答 1～3 题。（2020 年山东省青岛市中考题）

1. 关于这首诗的理解不正确的一项是（   ）。

    A. "忽如一夜春风来，千树万树梨花开"，表达了诗人对边塞奇异壮美风光的喜爱之情

    B. "湿罗幕""锦衾薄""角弓不得控""铁衣冷难着"，写出了天气的寒冷和军营将士的艰苦生活

    C. "纷纷暮雪下辕门，风掣红旗冻不翻"，大雪纷纷、天寒地冻，表现诗人身处恶劣环境的痛苦与悲伤

    D. "山回路转不见君，雪上空留马行处"，峰回路转，武判官的身影已消失不见，诗人依然深情目送

2. "山回路转不见君，雪上空留马行处"这句诗表达了诗人怎样的思想感情？

_____

3. "忽如一夜春风来，千树万树梨花开"是脍炙人口的名句，请你说说其中的妙处。

_____

（答案见附录）

锦 瑟

——一千个人心中有一千首《锦瑟》

锦 瑟

[唐] 李商隐

扫码听音频

锦瑟无端五十弦，一弦一柱思华年。

庄生晓梦迷蝴蝶，望帝春心托杜鹃。

沧海月明珠有泪，蓝田日暖玉生烟。

此情可待成追忆，只是当时已惘然。

作品简介

名称:《锦瑟》

出处:《全唐诗》

年代: 唐朝

体裁: 七言律诗

作者简介

作者: 李商隐,字义山,号玉谿(xī)生,又号樊南生

生卒: 约813—约858年

籍贯: 怀州河内(今河南沁阳)

成就: 晚唐著名诗人,将晚唐逐渐没落的诗歌又推上了一个高峰。与同时代的杜牧合称为"小李杜",又与李贺、李白合称为"三李"

作品:《李义山诗集》

📘 背景介绍

❧ 李商隐生平 ❧

1. 早年贫困

古代男子一般到成年时才会起字，但李商隐在很小的时候，他的父亲就迫不及待地给他起了字——义山。这是因为李商隐的父亲身体不太好，他觉得自己可能活不到李商隐成年，后来事实也果真如此。父亲死后，李家的生活陷入困顿，作为长子的李商隐靠"佣书贩舂（chōng）"补贴家用。什么意思呢？"佣书"就是别人雇他去抄书，因为他的字很漂亮；"贩舂"就是他去帮人家舂米。李商隐小时候就过着这样的日子，稍微得点空就读书、抄书。古人大多很能抄书，苏轼就抄过三遍七十万字的《汉书》。李商隐也是一样，小时候有机会就抄书，不过他抄书还能挣钱，并且自身的文学水平也提高了。

2. 仕途不顺

李商隐后来步入仕途。当时朝廷中的官员大致分成"牛党"和"李党"两派，两派斗争非常激烈。他跟"牛党"官员、节度使令狐楚关系还不错。令狐楚非常欣赏李商隐，他像对干儿子那样对待李商隐。令狐楚的大儿子跟李商隐也是好朋友，他们俩经常在一起读书学习。后来李商隐考上了进士，而他之所以能考上进士，也跟令狐楚暗中帮忙有很大的关系。所以从这个层面上来说，令狐楚跟李商隐算得上情同父子。

后来又有一个人非常看好李商隐，这个人就是王茂元，他被看作"李党"的重要力量。王茂元看中了李商隐，把女儿嫁给了他，这就是后来李商隐在《夜雨寄北》中怀念的那个王氏。这样一来，令狐楚家觉得李商隐投机取巧，知恩不图报，就不再喜欢他。要知道，令狐楚死的时候，李商隐被当作干儿子和令狐楚的儿子一起参加葬礼，结果李商隐现在又跟令狐楚家的敌人的女儿结了婚，这算怎么回事？大家都觉得他背叛师门，所以不再喜欢李商隐了，很多人都认为李商隐人品不好。李商隐也很痛苦，他其实没有从王家得到好处，王茂元也没有利用自己的影响力让李商隐在做官的路上得到任何好处。结果李商隐夹在两党之间，谁也不帮他。

令狐楚

我到底该选谁？

王茂元

3. 命途坎坷

李商隐不想陷入朋党之争，于是自己去参加了专门的官员选拔考试。第一年，两党联合起来把他的名额给取消了，李商隐没考上，第二年再考才考上。结果李商隐被外放做官，做了一个月工资只有八千文的小官。后来又担任县尉，然后成了秘书郎、川东节度使判官等，可李商隐一直因为党争的影响被人排挤。

4. 李商隐名字的由来

关于李商隐名字的由来，有一个典故。汉朝初年，商山（今陕西省境内）上曾经有四个隐士，叫作"商山四皓"，每个人都八十多岁了，能力特别强。汉高祖刘邦统一天下的时候，他的谋臣跟他说："陛下可以在马上得天下，难道能在马上治天下吗？"刘邦一想是这样，得请高人来辅佐。他听说商山上有四个隐士，于是要请他们来。可是这四个隐士却很有礼貌地拒绝了他。

微课扫一扫

原先，刘邦的嫡长子刘盈是太子，但刘邦觉得刘盈木讷寡言，不适合当皇帝，所以想要废长立幼，让小儿子来当太子。这时候，刘盈的母亲、皇后吕雉就非常担忧，想找人来帮助刘盈，于是想到了"商山四皓"。她是这么对四个隐士说的："你们看现在国家危难，陛下想要废长立幼，将来必然有血腥之事发生，比如夺权。太子虽然木讷一些，但身居储位已经很长时间了，也有了自己的势力。假如废长立幼，陛下驾崩之日，必有浩劫。你们四位能不能出面支持太子，让皇上觉得太子还是不错的？"于是四个隐士商量了一下就同意了。他们之所以同意吕雉的请求并不是为了富贵，而是为了天下苍生的安宁，他们为道义而出山，这就叫"义山"。

后来刘邦大宴宾客，看到太子刘盈背后站着四位白发苍苍的老者，刘邦问这四位老者是谁，于是"商山四皓"就分别行礼，自我介绍。刘邦心想："我请都不来，太子请就来了，看来太子的影响力相当可以啊！"所以他就明白太子忠厚老实，有人辅佐，废长立幼这事不妥。后来刘盈做了皇帝，"商山四皓"没有邀功，又悄悄地回到了商山之上，重新做回了隐士，这就叫"商隐"。

李商隐的父亲给他起这个名，表面上是希望李商隐将来能够像那些隐士一样，国家有需要就去帮忙，国家没有需要就去隐居。但其实，李商隐的父亲最希望的只是李商隐能长寿而已。因为李商隐的爷爷三十多岁就去世了，自己的身体也不好，所以希望孩子能长寿一点。起了这个名字之后，李商隐果然成了家族好几代人里最长寿的——李商隐去世时，虚岁四十六岁。

5. 无题之最

李商隐是晚唐时期出了名的爱写"无题诗"的人，他是中国古代诗歌史上的"无题之最"。他最出名的一首《无题》中，有"春蚕到死丝方尽，蜡炬成灰泪始干"的名句。这首《锦瑟》也相当于无题，因为他把这首诗的前两个字作为自己的题目，就跟《诗经》一样。"蒹葭苍苍，白露为霜"，《蒹葭》就是把诗开头的两个字当作这首诗的名字；"关关雎鸠，在河之洲"，"关关"不好听，于是叫《关雎》；《硕鼠》《桃夭》等也是这样。还有《论语》"学而时习之，不亦说乎"，于是这一篇就叫作《学而》。这是一个传统，其实就等于没有题目。极少的人认为"锦瑟"是这首诗的题目，绝大多数人都认为这首诗没有题目。

6. 獭（tǎ）祭鱼

李商隐的名字本身就是一个复杂的典故，而他个人，也特别爱用典故。他和南宋的辛弃疾，堪称是唐宋之间最爱用典故的诗人和词人。两个人都有一个"毛病"，写诗写词的时候会翻一大堆书，辛弃疾甚至被人称为"掉书袋"。

李商隐写诗爱用典故，所以每次写诗时都是摆着满桌的书，人们把他的这种做法叫"獭祭鱼"。水獭捉到鱼以后不急着吃，而是在岸边一条一条摆好，就好像在给上天祭祀一样，所以人们开玩笑说李商隐写诗就像是獭祭鱼，"獭祭鱼"就成了李商隐的一个雅号。李商隐太爱用典故了，但他的诗又写得特别漂亮，所以大家很爱读，但读完后又不知道写的什么意思。所以后世人们说："诗家总爱西昆好，独恨无人作郑笺。""西昆"是崇拜李商隐的一个诗派，后来这群喜欢李商隐的诗人们专门学李商隐用大量的典故写诗。"独恨无人作郑笺"的意思就是遗憾没有人给这些诗做注释，虽然写得好，但是让人看不懂。

7. 李商隐的地位

李商隐和杜牧合称"小李杜","小李杜"虽然比不上"大李杜",但是小李杜的影响力不可谓不深。尤其是李商隐,其影响是极为深远的。大家都知道有一本书叫《唐诗三百首》,是清朝时期编的,里面基本上是成就最高的、最受老百姓欢迎的三百余首唐诗。这其中数量最多的就是杜甫的诗,其次便是王维、李白、李商隐三人的诗,数量不相上下。这四位诗人的诗加起来就大约占了《唐诗三百首》里的百分之四十,有一百二十多首。这四个人中,有三位是盛唐时期的诗人,只有李商隐是晚唐诗人。"诗佛"王维是在诗歌中体现佛家文化,"诗圣"杜甫是在诗歌中体现儒家文化、现实主义,"诗仙"李白则是在诗歌中体现道家文化、浪漫主义。李商隐能和他们三位相提并论,可以说是非常厉害了。

❧ 时代背景 ❧

1. 牛李党争

晚唐,也就是唐文宗、唐武宗、唐昭宗时期,已经是唐朝的末期。当时政治非常黑暗,皇帝已经不再有很大的权力,宦官专权非常严重,还有"牛党"和"李党"一直在斗争。"牛党"就是靠科举入仕的官员,上文提到的令狐楚就属于牛党;"李党"就是靠门荫入仕的官员,上文说的王茂元就是李党。这两派一直在斗争,叫"牛李党争"。李商隐就身处在牛李党争的旋涡之中,一生被排挤,郁郁不得志。唐朝崔珏评价李商隐是"虚负凌云万丈才,一生襟抱未曾开",意思就是这么厉害的大诗人,他这么有才华，却一生都没有施展开。

2. 甘露之变

唐朝末年宦官专权现象极为严重，唐文宗就是由宦官立的皇帝。安史之乱之后，唐朝宦官的权力就很大。中国古代一共有三个时期宦官专权，第一个是东汉，第二个是唐朝中后期，第三个是明朝。

第二个时期是宦官专权最严重、最腐败、最黑暗的时候，皇帝、大臣和宦官们激烈交锋的时期。唐文宗的帝位虽然是宦官立的，但是他很厉害，把立他为帝的太监除掉了。但是宦官的势力在朝廷中仍然是存在的，而且势力非常大，唐文宗一直想找机会把他们都杀掉。

有一天，唐文宗安排了杀手埋伏在后花园里。上朝的时候，他假意让人报告自己说，后花园里突然出现了甘露，甘露降临人间，说明天下很太平，是祥瑞的征兆，要请皇上移驾到后花园看一看。皇上看了以后说果然是甘露，又让文武大臣去看，看了一圈回来也说果然是甘露，最后让宦官们去看。

宦官们刚进到后花园里，突然起风了，几个帷幕被吹了起来，为首的大太监仇士良看到了帷幕后面杀手的武器，吓得赶紧跑。杀手们正要关门，结果仇士良就大声地呵斥，守门的士卒就没有关上门闩，仇士良等人便逃回宫殿。仇士良逃走之后又召集人马回来算账，诛杀了一千多人。从此以后宦官们就对大臣们更加戒备。

"甘露之变"结束之后，唐文宗就彻底地被宦官挟持了，他经常哭着跟大臣们聊天，问："我能比得上古代的什么皇帝啊？"

大臣们回答："当然是比得上尧舜禹这样的君王呀。"唐文宗说："你们不要骗我，就告诉我，我有没有汉献帝强？"汉献帝是东汉的亡国之君，于是大臣们忙说："皇上您怎么能自比汉献帝呢？"唐文宗回答道："汉献帝好歹是被掌有重权的大诸侯挟持的，而我是被自己的家奴挟持，我连汉献帝都不如啊！"

李商隐在三十多岁的时候，目睹了这场"甘露之变"，所以他对政治其实是寒心的，而且他也隐约感觉到大唐要灭亡了。

写作背景

《锦瑟》是李商隐《李义山诗集》的第一首诗，可见其地位之高。可是这首诗到底是讲什么的呢？从古至今都没有人知道。

黄庭坚曾经问他的老师苏轼这首诗到底写的是什么，苏轼说这首诗应该是写音乐；有的人认为是写爱情；还有人认为李商隐是在纪念他的妻子，这种说法比较可信；还有一种说法认为这是李商隐写诗的写法，所以放在《李义山诗集》的最前面，意思是李商隐认为写诗的手法应该是使用"庄生晓梦迷蝴蝶"这种幻梦般的比喻，最后达到"沧海月明珠有泪"的境界；还有人说李商隐觉得唐朝快灭亡了，诗中的"杜鹃啼血"就是伤感亡国；还有人说这是李商隐在感伤自己的身世，"庄生晓梦迷蝴蝶"代表自己做官的日子像做梦一样，"望帝春心托杜鹃"大概代表其壮志难酬，"沧海月明珠有泪，蓝田日暖玉生烟"则是感慨自己像美玉一样被埋起来了。

除了这些说法以外，大概还有十几种说法。一千个读者心中有一千个哈姆雷特，一千个读者心中也有一千首《锦瑟》。谁都不知道这首诗到底是写什么，这反而是它的厉害之处。笔者倾向于这首诗是李商隐怀念他的妻子王氏，接下来就让我们以这个视角进入这首诗。

文本解析

锦　瑟

锦瑟① 无端② 五十弦③，一弦一柱④ 思华年⑤。

① 锦瑟：漆有织锦纹的瑟。

② 无端：无缘由。

③ 五十弦：传说古瑟有五十根弦，后来的瑟都是二十五根弦。

④ 柱：瑟上面系弦的木块。

⑤ 华年：青年时代。

漆有织锦纹的瑟，你无缘由地怎么有五十根弦呢？每一弦每一柱奏出的音乐，都让我不由自主地回忆起我跟亡妻那逝去的青年时代。

庄生① 晓梦迷蝴蝶，望帝春心托杜鹃②。

① 庄生：即庄子。此句用典《庄子·齐物论》："昔者庄周梦为胡蝶，栩栩然胡蝶也，自喻适志与，不知周也。俄然觉，则蘧蘧然周也。不知周之梦为胡蝶与，胡蝶之梦为周与？"就是说过去庄周梦见自己变成蝴蝶，很生动逼真的一只蝴蝶，他

感到非常愉快和惬意，不知道自己原本是庄周。突然间醒过来，惊惶不定之间方知原来自己是庄周。不知是庄周梦中变成蝴蝶呢，还是蝴蝶梦中变成庄周呢？

② 望帝春心托杜鹃：望帝把思恋爱慕的情怀寄托在杜鹃哀切的啼鸣之中。

我们刚刚结拜为夫妻时，美好的日子就像是庄周做了场梦，醒来之后还以为自己是蝴蝶。后来生死两隔，又像是望帝死后化为魂魄，把自己的一片思恋爱慕之情都寄托给了日夜悲啼着的杜鹃。

沧海月明珠有泪 ①，蓝田日暖玉生烟 ②。

① 珠有泪：传说海中有鲛人，其泪化为珍珠。

② 蓝田日暖玉生烟：陕西省蓝田县是玉石产地，传说有宝玉埋在地下，温润的精气却能透过泥土，烟雾般升腾到空中。

这苍茫安静的海面上，明亮的月光洒下来，把蚌壳打开，这里面是鲛人的眼泪化为的珍珠。（眼泪表示他很思念妻子而落泪）在蓝田的玉山上，有和煦的阳光照耀着埋在地下的宝玉，而玉化成了山中的玉气升腾而起（宝玉埋在地里代指美人被埋在坟里）。

此情可 ①待成追忆，只是当时已惘然 ②。

① 可：难道，哪能。

② 惘然：模糊不清的样子。

怀念你的这种感情，难道可以等待日后再去追忆吗？只是当时的那种情景、那种感情、那一切都已经逐渐离我远去，逐渐模糊，让我感到茫然。

窦神解读

1. "锦瑟无端五十弦"何解

瑟是古代的一种琴，有二十五根弦，"柱"是两端固定琴弦的小木块，一根弦需要左右两个"柱"来固定，所以一把瑟有二十五弦、五十柱。那么问题来了，李商隐为什么说"五十弦"呢？只有一个解释：这把瑟的弦全部从中间断掉了，二十五根弦从中间断掉就是五十根弦，并且符合后面说的"一弦一柱"。

"断弦"是妻子去世的意思，而"续弦"就是指再娶一个妻子，这是汉语中一个习惯性的说法。所以这首诗是李商隐写来纪念妻子王氏的说法最可信，而且他本来就和妻子的感情特别好。所以第一句诗"漆有织锦纹的瑟，你无缘由地怎么有五十根弦呢？"这是李商隐故意问的，瑟明明有二十五根弦，为什么变成了五十根呢？就是因为断开了。

2. 最后一句的"当时"何解

"只是当时已惘然"一句，很多人以为这句话的主语是"我"，"当时"是"以前"，所以这句话的意思就变成了"只是我当时已经惘然了"，这是错的。

这句话的主语是"当时"，"当时"指的是"那时、那景、那人、那情"，也就是"那时候的一切"，即"妻子活着的时候，我跟她在一起的一切"。所以尾联的翻译应该是：怀念你的这种感情，难道可以等待日后再去追忆吗？只是当时的那种情景、那种感情、那一切都已经逐渐离我远去，逐渐模糊，让我感到茫然。

3. 古代文人的两条出路

古时候文人一般有两条出路，第一条出路是科举考试，做官；第二条出路是做幕府的幕僚，幕府的长官过得好，你也就过得好。但是李商隐做幕僚时，他的长官都很不走运，所以李商隐也没能通过这种方式获得更高的官职，他的一生都很潦倒。因此，李商隐的诗也就总有那种酸涩苦闷、郁郁不得志和怀才不遇的感觉。

拓展升华

讲一首诗到底怎么样算讲得好呢？我们说，讲诗有五重境界。

第一重境界是最简单的，就是把诗的字面意思和典故讲清楚。就好比诗人是"铸剑大师"，他铸了一把剑，教师得把剑的材质、纹理给学生讲明白："你看，这把剑三尺多长，用什么材料做的，里面是什么合金。"这是第一重境界。

第二重境界，把铸剑大师铸这把剑的心路历程讲出来。第一重境界讲剑，第二重境界讲气，这就是"知人论世"。

第三重境界就是"剑气合一"，互相佐证。诗人经历了怎样的事情，所以他写这首诗是这个味道。第三重境界在课堂上可能不太能做得到，因为没有那么多时间。

第四重境界就是融入"舞剑者"本人的人生体验。例如，今天讲《锦瑟》这首诗，就是教师来舞这把剑给学生看，教师不仅要讲明白，还要舞这把剑，让自己的人生体验跟李商隐的人生体验中生共振，感受他铸剑时的用心，然后把它舞得漂亮。

第五重境界是最高境界，就是不光能达到前面四重境界，而且还要让学生爱上这件事。学生会不断地要求："老师，我也想舞一下这把剑。""观者愿呈剑而舞之"，最后忘了舞的是这把剑，还是那把剑。哪把剑都不重要了，因为学生已经爱上了舞剑这件事，爱上了诗歌本身，这就是最高境界。

📘 必考必背

1. 庄生晓梦迷蝴蝶，望帝春心托杜鹃。
2. 沧海月明珠有泪，蓝田日暖玉生烟。
3. 此情可待成追忆？只是当时已惘然。

📗 真题演练

阅读《锦瑟》，回答 1～2 题。（2016 年北京某高中月考题）

1. 本诗中"＿＿＿＿＿＿＿＿＿＿，＿＿＿＿＿＿＿＿＿＿。"两句运用典故描绘了美好的情境，把人生的恍惚和迷惘以及苦苦追求的执着表现了出来。

2. 下列关于《锦瑟》的理解和分析，不正确的一项是（　　）。

    A. 这首诗是由锦瑟引起的诗人对年华所历纷繁人生境遇与人生感受的追怀

    B. 颔联用庄周梦蝶、杜宇化鹃的典故表达失落、困惑之感

    C. 颈联描写了沧海之中，明月之下，鲛人滴泪，化为明珠

    D. 尾联"此情"与"惘然"照应，"惘然"因"思华年"产生，末两句表达了全诗主旨

（答案见附录）

江城子·密州出猎

——宝刀未老的壮志豪情

江城子·密州出猎

[北宋] 苏轼

老夫聊发少年狂，左牵黄，右擎苍，锦帽貂裘，千骑卷平冈。为报倾城随太守，亲射虎，看孙郎。

酒酣胸胆尚开张。鬓微霜，又何妨！持节云中，何日遣冯唐？会挽雕弓如满月，西北望，射天狼。

📘 作品简介

名称:《江城子·密州出猎》

出处:《东坡乐府笺》

年代: 北宋

体裁: 词

📘 作者简介

作者: 苏轼，字子瞻，号东坡居士

生卒: 1037—1101 年

籍贯: 眉州眉山（在今四川）

成就: 北宋著名散文家、书画家、词人、诗人，宋四家之一，豪放词派的代表，唐宋八大家之一

作品:《东坡七集》《东坡乐府》

背景介绍

文学背景

1. 词的产生和发展

诗是非常工整的，每句的字数一样，还有格律的要求，而词每一句的字数可能都不一样。这是不是意味着词的要求就不严格呢？实际上，不管是近体诗还是古体诗，只要合于格律就可以了，但是词还必须合于音律。词最开始的时候是音乐的"附庸品"，它得一直"听音乐的话"，填出来的词即使合于格律和平仄，如果唱出来不好听也必须换字。所以对词的要求其实比诗更高。

词还被称为曲词、曲子词、近体乐府、长短句和诗余等，元朝的散曲又叫词余，所以，词是诗"剩下的"，而曲又是词"剩下的"。

词产生于隋朝，因为在那时一个非常关键的因素出现了——西域的音乐进入中原。从此，中原有了三种音乐形式：第一种叫"雅乐"，是传统的官方演奏的高雅音乐，用于朝贺、祭祀等；第二种叫"清乐"，是老百姓在民间传唱的音乐；第三种叫"燕乐"（也叫"宴乐"），是将从西域传来的音乐和中原的音乐结合形成的音乐。燕乐相比传统的中原音乐更活泼、更轻快，特别适合在社交场合演奏助兴。正是根据燕乐，歌女们和文人们开始给曲填词，词就产生了。

词产生于隋，发展于唐。唐朝的很多文人仍然认为词是不入流的，但也有不少有名的诗人开始写词，比如白居易写过"江南好，风景旧曾谙"（《忆江南》）。但其实白居易只是这首词的作词人，曲子本身还是教坊曲。词兴盛于五代十国时期，在这个时期，词坛有了一个重要的改变，这个重要的改变主要是因为李煜。李煜和他父亲李璟都是大词人，后来李煜国破家亡，作为亡国之君，他感到非常痛苦，就把自己的家国之痛写进了词里，使原来略为轻浮的词第一次有了深沉的意味。再后来到了宋朝，词就发展得越来越好了。

宋朝词坛上有几个里程碑式的人物，第一个是柳七郎柳永，第二个是苏轼。苏轼改变了词被音乐束缚的现状，使词更加自由，而且他还继承和发扬了豪放词（豪放词最早可以追溯到范仲淹的《渔家傲·秋思》和王安石的《桂枝香·金陵怀古》）。里程碑式的人物还有北宋南宋交界时期的李清照，她的词别具一格，在元朝的时候甚至被人认为是除豪放派和婉约派之外的另外一派，叫"易安词派"，但今天我们还是把她归于婉约派。到了南宋，有两位词人为词的发展做出了重大贡献，一位是辛弃疾，另外一位是姜夔（kuí）。大家都知道的陆游也是位大词人，但是他的成就更多在诗上。除了这几位以外，其他的大词人如秦观、周邦彦等也很厉害，但是都不如上述几位那样对词的发展具有里程碑式的深远意义。

词在宋朝时进入鼎盛时期有以下原因。

第一个原因是宋词本身就有较强的娱乐性，比较受老百姓欢迎。宋朝可以说是中国古代的"雅俗交界线"，在宋朝，典雅文学已经开始衰落，通俗文学逐渐发展，中国古代绝大多数的民间故事和民间传说都是在南宋时期产生。

第二个原因是宋朝时的特殊背景——重文轻武。宋朝文人的收入都非常高，大概是汉朝文人收入的十倍，是清朝文人收入的六到七倍。比如苏轼被贬为黄州团练副使那样芝麻大小的官，一个月还有两万文的工资。文人不仅收入高，而且地位也高，全国上下都是文官管理武将。所以那个时候文人们过得很好，游山玩水、洒脱自由，自然就喜欢这种多样、活泼的文学表达样式。

这就是宋词兴盛的两个原因。

2. 豪放派与婉约派

词按照风格分为两大类，一大类叫婉约派，另一大类叫豪放派。两派不是同时出现的。因为词最早是歌女们唱歌抒情用的，所以婉约派是词的根源，后来才衍生出了豪放派。

北宋时期有人评价说："柳郎中词，只合十七八女郎，执红牙板，歌'杨柳岸晓风残月'。学士词，须关西大汉，铜琵琶，铁绰板，唱'大江东去'。"这句话是什么意思呢？柳郎就是柳永，因为他始终一副儿女情长、落魄公子的模样，他去世的时候首都汴京的歌伎们全都停业，一起捐钱来安葬柳永。学士指的是苏轼，苏子瞻大学士。这里提到，柳永的词要找十七八岁的女郎用红牙板伴奏演唱，而苏轼的词要找关西大汉演唱，并且用铜琵琶、铁绰板伴奏。牙板和绰板都是像快板一样的打击乐器，但是在舞台表演时，女演员拿的叫牙板，声音清脆柔和一些，绰板是男演员用的，声音洪亮有力得多。琵琶是唱词最常用的乐器，所以文人们会写诸如《琵琶行》这样的文章。铜琵琶的声音非常铿锵激昂，适合为苏轼的豪放词伴奏。

苏轼虽然是豪放派的开创者，但是他的词作仍以婉约词为主。这很好理解，因为他在写豪放词之前都在写婉约词，而开创豪放词后处于摸索阶段，所以他写的豪放词的总量不大。

3.苏轼的另一首《江城子》

除了《江城子·密州出猎》外，苏轼还写过一首《江城子·乙卯正月二十日夜记梦》，而且比《江城子·密州出猎》还要出名。

江城子·乙卯正月二十日夜记梦

苏轼

十年生死两茫茫，不思量，自难忘。千里孤坟，无处话凄凉。纵使相逢应不识，尘满面，鬓如霜。

夜来幽梦忽还乡，小轩窗，正梳妆。相顾无言，惟有泪千行。料得年年肠断处，明月夜，短松冈。

这首词的大意如下。

你我夫妻诀别已经整整十年，我强忍不去思念可终究难相忘。千里之外那座遥远的孤坟啊，竟无处向你倾诉满腹的悲凉。纵然夫妻相逢你也认不出我，我已经是灰尘满面、两鬓如霜。昨夜我在梦中又回到了家乡，在小屋窗口你正在打扮梳妆。你我二人默默相对无言，只有淋漓热泪洒下千行。料想到我当年想你的地方，就在那明月的夜晚，矮松的山冈。

这首词是苏轼写给亡妻王弗的一首悼亡词。乙卯年即公元1075年，苏轼的妻子已经去世整整十年，苏轼与妻子不仅生死两隔，甚至连妻子的坟墓也和他远距千里，这天晚上苏轼又梦见了妻子。

当笔者看到第一句"十年生死两茫茫，不思量，自难忘"的时候，就已经被深深打动了。这种情绪是多么深沉，和柳永年少意气风发时的"执手相看泪眼，竟无语凝噎"完全不同。这也是苏轼写词一直提倡的"外枯而中膏"，意思就是表面看起来很干巴、没内容，但实际上蕴含了极为丰富的感情，似淡而实美。而一些诗词辞藻艳丽华美，让人一看就能"起鸡皮疙瘩"，却没有什么内涵。

写作背景

苏轼在写下《江城子·密州出猎》这首词后的几天，给好友鲜于子骏写了一封信，信的最后一段是这样写的。

微课扫一扫

近却颇作小词，虽无柳七郎风味，亦自是一家。呵呵！数日前猎于郊外，所获颇多，作得一阕，令东州壮士抵掌顿足而歌之，吹笛击鼓以为节，颇壮观也。

这段话的意思是，我近来很喜欢作小词，虽然没有柳七郎那种风味，却也是自成一家。呵呵！几天以前，我在郊外打猎，猎获的东西很多。我作了一首小词，让密州的壮士一边击掌、一边用脚叩地来唱，同时让人吹笛敲鼓应合节拍伴奏，景象颇为壮观。

苏轼为什么要提到柳七郎柳永呢？因为柳永是当时非常受人喜爱的词人，所以苏轼是欣赏柳永的。他说："我写的词虽然没有柳七郎的那种味道，但也算是自成一家！"这封信里非常有意思的地方是"呵呵"两个字，"呵呵"最早出现在《晋书》里，用来表示少数民族的笑声，后来在各种典籍里也有出现，但是很少有人像苏轼这样单独使用"呵呵"两个字。

从这封信里我们可以看到，苏轼写完词后让东州壮士"抵掌顿足而歌之，吹笛击鼓以为节"，他尝试不用琵琶、牙板等乐器来限制词的表现力，壮士们的击掌声和鼓声也变得豪迈起来。

文本解析

江城子·密州出猎

老夫①聊②发少年狂③，左牵黄④，右擎苍⑤，锦帽⑥貂裘⑦，千骑⑧卷平冈。

① 老夫：作者自称。

② 聊：姑且，暂且。

③ 狂：豪情。

④ 左牵黄：左手牵着黄犬。

⑤ 右擎苍：右臂托着苍鹰。

⑥ 锦帽：头戴华美鲜艳的帽子。

⑦ 貂裘：身穿貂鼠皮衣。

⑧ 千骑：形容骑马的人很多。骑，一人一马的合称。

老夫我姑且抒发一个少年人才有的躁动和张狂，我左手牵着毛色发黄的猎犬，右臂托着羽毛青苍的猎鹰。我随从的这些将士们头戴着华美的锦帽，身披着貂鼠皮衣，席卷而下掠过这平坦的山冈。

为报倾城①随太守，亲射虎，看孙郎②。

① 倾城：全城人。

② 孙郎：指孙权，这里是作者自喻。《三国志》记载，孙权曾"亲乘马射虎"。

为了报答你们倾城而出一路跟随，我一定要亲自射杀一头老虎，效仿当年年轻的孙郎。

酒酣①胸胆尚开张②。鬓微霜③，又何妨！持节④云中⑤，何日遣冯唐⑥？

① 酒酣：酒喝得尽兴、畅快。

② 胸胆尚开张：胸襟开阔，胆气豪壮。尚，还。开张，开阔雄伟。

③ 鬓微霜：鬓角稍白。

④ 节：符节，古代朝廷使者所拿的凭证。

⑤ 云中：古郡名，在今内蒙古托克托东北。

⑥ 冯唐：汉文帝时的官员。

酒喝得畅快之时，我的胸襟开阔，胆色也豪壮。尽管我的两鬓已经铺上了一层白霜，但是那又何妨？不知朝廷何时才会派出一个能够洗去我罪名的忠臣冯唐。

会①挽②雕弓③如满月，西北望，射天狼④。

① 会：终将。

② 挽：拉。

③ 雕弓：饰以彩绘的弓。

④ 天狼：星名，旧说指侵略，这里隐指侵扰西北边境西夏军队。

到那时我定会拉满了饰以彩绘的长弓，使之呈现满月的形状，瞄准西北，射下那颗代表西夏的天狼星。

窦神解读

1. "随太守"何解

词里写到苏轼去打猎，结果老百姓"倾城随太守"，似乎有夸奖之意。实际上这个"随"字有深意，这个"随"很可能不仅指百姓身体上的跟随，更是心灵上对苏轼的追随。因为苏轼把密州这个原本一穷二白的地方治理得太好了，所以全城的百姓都对他爱戴有加。

苏轼来密州（今山东诸城）之前是在杭州担任通判，杭州风景优美，经济发达。苏轼本来在杭州过着好日子，但因与王安石政见不合，给朝廷上书，希望朝廷能够派他去密州当知州、太守，朝廷同意了，那么偏僻的地方苏轼主动要去简直太好了。苏轼去了以后才发现密州的生活实在太艰苦了，他和衙门里的同僚经常做的一件事就是去城外挖野菜。

但是密州在苏轼的治理下发展得很好，老百姓的日子慢慢好了起来，到苏轼离任的时候，密州百姓的生活比之前要好得多。苏轼认为自己一生中做了较大贡献的地方是黄州、惠州和儋（dān）州，但是其实他每次主政一方的时候政绩都特别漂亮，因为他心系百姓，所以他总能有一番成就。

2. "亲射虎"的典故

根据《三国志》的记载，孙权非常喜欢打猎，常常骑马去射虎。有天孙权在射虎的时候，老虎向前扑向了马鞍，孙权掷出双戟扎伤了老虎，老虎想逃，结果人群一拥而上把老虎捕获了。由此可见，孙权年纪轻轻就非常勇敢。

3. "持节云中"的典故

"持节云中，何日遣冯唐"是一个典故。汉文帝时期，北方云中郡的太守魏尚是个特别体恤部下的将领，一发工资就请将士们吃肉喝酒、改善他们的生活，跟部下相处得像兄弟一般。如果匈奴的军队胆敢闯入云中，魏尚一定能将他击退。

但是后来有一次魏尚向朝廷报军功的时候，多报了六颗首级（可能是统计错了），结果被查了出来，汉文帝就罢免了魏尚的官职。这时，大臣冯唐站出来向皇帝谏言："皇上，我们不能仅仅因为六颗首级就否定了魏尚的巨大贡献，我们应该让他官复原职，回到云中镇守。"汉文帝采纳了冯唐的建议，就派他持节前往云中赦免魏尚。

苏轼最开始是做京官，后来被不断贬谪外放，但他对于回到京城、受皇帝重用是有很大期待的。正如他在《水调歌头》中所写的那样："我欲乘风归去。"在《江城子·密州出猎》中，苏轼用这个典故就是以魏尚自比，期待地问："什么时候朝廷才能派人持着符节来赦免我呢？那时我一定会像范仲淹等人那样，攻打西夏、建功立业。"

📘 拓展升华

我们说到苏轼在密州任职期间，曾和同僚在城外挖过野菜。据说，苏轼在挖野菜时还从土里挖出过弃婴！因为当时重男轻女的风气严重，再加上密州实在是太穷了，有的人家生出女孩又没有能力抚养，只好到城外扔掉、埋掉。苏轼把幸存下来的弃婴都送回了州府衙门内，用公费抚养。据说，苏轼后来到了黄州还继续发扬关爱弃婴、孤儿的优良作风，他建立了一个类似于儿童基金会的组织，让弃婴、孤儿们过上好的生活，并且率先捐了一万文钱。当时苏轼是被贬谪到黄州的，拖家带口艰难度日，已经快要生活不下去了，捐出一万文钱算是"豁出性命"了。

苏轼之所以被称为"千古第一文人"，不仅是因为他极高的文学成就，还因为他伟大的人格。

📘 必考必背

1. 酒酣胸胆尚开张，鬓微霜，又何妨！
2. 会挽雕弓如满月，西北望，射天狼。

📘 真题演练

阅读《江城子·密州出猎》，回答 1～2 题。

1. 选出下列对苏轼的《江城子·密州出猎》赏析有误的一项（　　）。（2019 年辽宁省铁岭市中考题）

    A. 这首词是作者任密州太守时与同僚出城打猎所作，粗犷豪放，"狂"字贯穿全篇

B. 词的上片记叙了打猎的壮观场面，一个"卷"字极言行走之快，可见出猎者情绪高昂，精神抖擞

C. 词的下片表达了作者希望得到朝廷重用，为国御敌立功，关怀国家命运的爱国精神

D. 词中多用典故表情达意，"亲射虎，看孙郎"表示作者要亲自挽弓射虎，探望孙郎，豪情溢于言表

2. 阅读《江城子·密州出猎》，完成（1）~（2）题。（北京市房山区 2020 年期末试题）

（1）词的上片以"狂"字开篇，用_____写出了作者出猎的雄姿，用"千骑卷平冈"写出了_____。

（2）这首词中，"亲射虎""遣冯唐""射天狼"均借用典故表情达意。请你选择其中一句，分析表达的意思和作者的情感。

_____

（答案见附录）

破阵子·
为陈同甫赋壮词以寄之

——词坛飞将军的英雄梦

破阵子·为陈同甫赋壮词以寄之

[南宋] 辛弃疾

扫码听音频

　　醉里挑灯看剑，梦回吹角连营。八百里分麾下炙，五十弦翻塞外声，沙场秋点兵。

　　马作的卢飞快，弓如霹雳弦惊。了却君王天下事，赢得生前身后名。可怜白发生！

作品简介

名称:《破阵子·为陈同甫赋壮词以寄之》

出处:《稼轩词编年笺注》

年代: 南宋

体裁: 词

作者简介

作者: 辛弃疾，字幼安，号稼轩居士

生卒: 1140—1207 年

籍贯: 山东历城（今济南历城）

成就: 南宋著名爱国词人，与苏轼同为豪放派代表，合称"苏辛"；与李清照（号易安居士）合称"济南二安"

作品:《稼轩词编年笺注》

背景介绍

时代背景

1. 靖康之耻

公元 960 年，北宋建立。公元 1127 年，金朝南下攻取北宋首都开封，掳走了宋徽宗和宋钦宗，直接导致北宋灭亡。因为那一年的年号是靖康二年，所以此次历史事件就叫"靖康之变"，后人称之为"靖康之耻""靖康之难"等。岳飞的《满江红》里写的"靖康耻，犹未雪。臣子恨，何时灭"就是说的这一事件。

当时的北宋首都开封被金军包围了，宋钦宗亲自出城乞降，结果被掳走。除徽宗、钦宗二帝之外，还有赵氏皇族、后宫妃嫔、贵卿与朝臣等三千余人被掳去金国，开封城也被洗劫一空。宋徽宗的儿子几乎都被抓了，只有康王赵构不在城中，后来逃到南方，建立了南宋。

2. 绍兴和议

之后南宋和金国连年交战，各有胜负，双方都受到战争的摧残，于是打算和谈。公元 1141 年（绍兴十一年），双方达成了合约，合约规定宋向金称臣，每年给金缴纳大量岁贡，并划定疆界：东以淮河中流为界，西以大散关（今陕西宝鸡西南）为界，以南属宋，以北属金。该事件史称"绍兴和议"。"绍兴和议"使两国获得了短暂的和平，形成了南北对峙的局面。

3. 有机会的时代

公元 1142 年，赵构和秦桧以"莫须有"的罪名在风波亭杀了岳飞与其子岳云、部将张宪。岳飞觉得自己一生精忠报国，何罪之有？死前在供状上写下："天日昭昭！天日昭昭！"八个大字，意思就是光天化日，自己的赤胆忠心上天是明白的。

岳飞风波亭遇害是在公元1142年，1140年辛弃疾出生，1207年辛弃疾去世，而南宋是在1279年灭亡的。

辛弃疾所处的这个时代，其实是一个有机会的时代——有机会收复失地恢复中原。宋高宗赵构所处的时代则不同，因为宋高宗赵构目睹了北宋的覆亡，目睹了金军的强大，目睹了宋金之间实力的巨大差距，战乱中自己唯一的儿子也死了，自己吓得生了病。由于目睹了这些残酷，宋高宗北伐的决心就没有那么坚定，而且南宋刚建立，财政收入也很少，没钱打仗，也就很难与金抗争。

反观辛弃疾所处的这个时代，当时的皇帝是宋高宗的继任者——宋孝宗赵昚（shèn）。北宋一共有九个皇帝，南宋也有九个皇帝，宋孝宗赵昚是南宋九个皇帝里较有作为的一个。赵昚励精图治，对退位以后的宋高宗特别好，而且他也一直在组织北伐，并且还为岳飞平反，恢复了岳飞的名誉，所以赵昚是南宋所有皇帝中较有作为的一个。可惜的是，他最终还是北伐失败了，为什么呢？因为他遇到的对手恰好也是金国的皇帝里较有作为的一个——金世宗完颜雍。完颜雍被称为"北国小尧舜"，一听这样的称号就知道他是个非常贤明的皇帝。其实当时金国的境况跟南宋相比好不到哪儿去：经济不景气，还有家族内部斗争，北方的蒙古部落又是很大的威胁，加之辽国被金国消灭以后，原来辽国的契丹人也经常举兵起事，想要造反。如此复杂严峻的局势却被完颜雍处理得很好，他用了很多高明的手段攘外安内。比如应对蒙古部落时，他支持一个蒙古部落，让其去攻打其他部落，使其内斗，成吉思汗就是他支持的对象；还有"减丁"政策，每三年完颜雍就派军队到蒙古高原溜达一圈"抓壮丁"，以减少蒙古的可战斗人口。

辛弃疾生平

1. 词坛"飞将军"

战场上的"飞将军"是西汉时期抗击匈奴的大将李广，而词坛的"飞将军"则是辛弃疾。

辛弃疾生于济南，山东济南按照"绍兴和议"的约定属于金国，被金人统治，辛弃疾的父亲还是金国的一个县令。但是辛弃疾父子有浓厚的民族情结，一直想要光复这块土地，所以辛弃疾的父亲利用职务之便，经常带他走南闯北，勘察各处地形，指望有一天能够起兵造反，恢复汉人的统治。

辛弃疾是很有血性的男儿，后来确实参与了起义反金。当时起义的军队里面有一支非常强大的部队由耿京领导，辛弃疾也在他的手下效力过。耿京后来被部下张安国告密害死，而当时辛弃疾正好南下去见宋高宗赵构了，回去后听到这个消息非常愤怒。据说辛弃疾带着五十个骑兵，闯入驻扎有五万金军的军营里，把叛徒张安国给生擒了，而那些叛逃的士兵都被辛弃疾的气势震慑住了。因为金国自己的兵马驻扎在后面，这些叛

微课扫一扫

逃过去的士兵都认识辛弃疾，不敢上前。辛弃疾又劝说他们不要为金军卖命，说完就把张安国绑起来扔到马后，潇洒地一扬马鞭离开了。辛弃疾带着叛徒张安国回到朝廷，皇帝就下令处死了张安国。

带五十人强闯五万人大营，这太传奇了。遗憾的是后来辛弃疾的官职被主和派罢免了，就闲居在江西上饶，再无征战沙场的机会。

2. 写词狂人

普通人一般是在需要抒发情感的时候才进行创作，该写词的时候写词，该写文章的时候写文章。但辛弃疾不是这样，他不管在任何时候都要写词。辛弃疾的儿子贪财，他为了骂儿子还专门填了一首词，这首词写道："千年田换八百主，一人口插几张匙。"意思是说千年来一块土地换八百个主人，你一个人的嘴里能插几把勺子啊？就是在骂他的儿子太贪心了。辛弃疾曾资助别人打官司，给别人送钱去的时候同时还让仆人带了一首自己写的词过去鼓励人家。辛弃疾就是这样的一个人，无论什么时候都要写词。

3."掉书袋子"

辛弃疾和李商隐算是最喜欢用典故的两个人了。因为辛弃疾特别爱用典故，所以有人批评他的作品晦涩难懂。每当辛弃疾写词的时候他都要在桌子上铺开好多书籍、资料，边查边写，所以得了一个外号叫"掉书袋子"。

辛弃疾典故用得最好的一句词是"汗血盐车无人顾，千里空收骏骨。"这句词用到了《战国策》里的两个典故。

"汗血盐车"说的是一匹汗血宝马在山上拉着一车盐努力攀登，秦国的伯乐孙阳见到这匹宝马直接哭了："这么好的马居然让它拉盐车！"就好比用世界顶级的跑车，拉着一车煤爬山，谁看了都会哭。于是孙阳脱下自己的袍子，披在这匹宝马身上，又用重金赎回了这匹马。

"千里收骏骨"说的是齐王想得到一匹千里马，托了一个能干的人用千金去买，结果那个人却买回来了一堆马骨头。齐王看到马骨头也像伯乐孙阳那样心疼地哭了，不过他心疼的是钱："我给你千金，你却给我买回来一堆骨头，你是让我天天骑在骨头上吗？"那个人说："大王，不是的，我赶到那家去，他家的千里马正好病死了，而我把骨头买回来，是让大家去传播这件事，让人知道您确实喜爱千里马，连马骨头都买。这样，其他人有千里马的时候，自然就会主动献给您。"果然没过多久，齐王就得到了千里马。

这是两个很著名的典故，而辛弃疾的厉害之处就在于他反用典故。揣摩清楚"无人顾"和"空"的意思你就明白了。

4. 铁汉柔情

刘克庄在《辛稼轩集·序》里说道："公所作大声鞺（tāng）鞳（tà），小声铿（kēng）鍧（hōng），横绝六合，扫空万古，自有苍生以来所无。"大意就是说自古以来就没有见过那么雄壮的乐曲。这是刘克庄在赞赏辛弃疾。后来他又说："其秾（nóng）纤绵密者，亦不在小晏秦郎之下。"辛弃疾虽然是豪放的，但是他的作品也不乏细腻敏感之处，他写细腻敏感的内容时也不输给小晏和秦郎。小晏指的是晏殊的儿子晏几道，秦郎指的是秦观，二人都是婉约派的代表人物，写情最浓。这是刘克庄对辛弃疾词作风格的评价。

写作背景

南宋时期的文人都见过了国破家亡，他们做梦都想北伐收复失地，所以大家的作品多是在抒发自己的爱国情怀，以及对故国的怀念和感慨。

李清照在《夏日绝句》中这样写道："生当作人杰，死亦为鬼雄。至今思项羽，不肯过江东。"李清照的词是婉约的，诗却很豪放。岳飞在《满江红·怒发冲冠》中如此感慨："靖康耻，犹未雪，臣子恨，何时灭？驾长车，踏破贺兰山缺。"再看陆游的《秋夜将晓出篱门迎凉有感》："三万里河东入海，五千仞岳上摩天。遗民泪尽胡尘里，南望王师又一年。"这些诗词都是在表达相同的感情。

辛弃疾的这首《破阵子·为陈同甫赋壮词以寄之》中，"破阵子"是词牌名，是唐玄宗时期一首教坊的曲名，出自特别威武雄壮的《破阵乐》。所以这首曲子的曲调本身就有非常震撼的效果，适合填写豪放词。"为陈同甫赋壮词以寄之"是这首词的题目，陈同甫就是陈亮，字同甫，是辛弃疾的好朋友。在辛弃疾晚年，主战派遭到投降派的打击，辛弃疾也被免官闲居在江西上饶，这首词就写于他闲居江西的这段时期。

辛弃疾和好友陈亮两个人聊了一宿，第二天早上他起床一看，陈亮不知道什么时候已经走了。原来在聊天的过程中，陈亮觉得辛弃疾对于北伐金国没有他那么坚决，所以就偷偷离开了。可是辛弃疾感到非常委屈，就在信中写词寄给陈亮，让陈亮看看自己其实和他一样，壮心未死。所以这首词的题目就叫《为陈同甫赋壮词以寄之》。

辛弃疾六十七岁病重离世前还在大喊"杀贼！杀贼！"他一生都想为国效力、为国捐躯。他在词坛上驰骋，但是在真正的战场上却并没有起到太大的作用，他只是帮南宋打了一些内部的小规模战役，哪里造反他就去哪里平定。正如这首《破阵子·为陈同甫赋壮词以寄之》里写的，还没建功立业，辛弃疾就已经"可怜白发生"了。

📘 文本解析

破阵子·为陈同甫赋壮词以寄之

醉里挑灯①看剑②，梦回③吹角④连营⑤。

① 挑灯：把灯芯挑亮。

② 看剑：查看宝剑。

③ 梦回：梦中回到。说明下面描写的战争场景，不过是作者旧梦重温。

④ 角：古代军队中用来发号施令的号角。

⑤ 连营：连在一起的众多军营。

我在酒醉之中挑亮灯芯来细细查看我这把久未出鞘的宝剑，在若隐若现的梦境中，我仿佛回到了那个战士们吹响了号角的成片军营。

八百里①分麾下（huī）②炙③，五十弦④翻⑤塞外声⑥，沙场秋点兵⑦。

① 八百里：指牛，这里泛指酒食。典出《世说新语》：晋王恺有良牛，名"八百里驳"。

② 麾下：部下。

③ 炙：切碎的熟肉。

④ 五十弦：原指瑟，这里泛指各类乐器。

⑤ 翻：演奏。

⑥ 塞外声：指悲壮粗犷的军乐。

⑦ 点兵：检阅军队。

在点兵场上，将士们分吃着烤熟的美味肉食，军乐手们上下翻飞着双手，用乐器弹奏出粗犷的塞外战歌。在秋日的沙场之上，主帅正在大阅兵。

马作①的（dì）卢②飞快，弓如霹雳③弦惊。

① 作：像……一样。

② 的卢：额部有白色斑点的马。三国时期刘备的坐骑。

③ 霹雳：响雷，震雷。这里喻指射箭时弓弦的响声。

只见这点兵场上的战马都像是传说中的千里马的卢那样跑得飞快；弓箭手们射出一枚枚箭矢，弓弦发出了雷鸣一般惊人的响声。

了却①君王天下事②，赢得③生前身后④名。可怜⑤白发生！

① 了却：了结，完成。

②天下事：这里指收复北方失地的国家大事。

③赢得：博得。

④身后：死后。

⑤可怜：可惜。

我作为主帅，完成了君王想要一统天下、成就大业的美梦，也为自己赢得了生前和死后的美好名声。只可惜梦醒回到现实的我，竟然到现在都一事无成，而白发已生。

窦神解读

1.《破阵子》的结构

我们来看一下这篇作品的结构。"醉里挑灯看剑，梦回吹角连营"，这是辛弃疾在叙述真实的情景。紧接着从下一句开始，全都是他在梦境里面看到的景象："八百里分麾下炙，五十弦翻塞外声，沙场秋点兵。马作的卢飞快，弓如霹雳弦惊。了却君王天下事，赢得生前身后名。"直到最后一句"可怜白发生"才又回到现实。所以这首词是"现实—梦境—现实"这样的结构。

一般的词作几乎都是上阕写景，下阕抒情，可是辛弃疾的这首词却一直在描写场景，有真实的场景也有虚幻的场景，只有最后一句突然跳出梦境抒发了自己的感情。词的主体是一个壮美的、饱含感染力的幻想，在最后却只用一句话就击碎了它，给读者的心灵带来很大的震撼。

2."挑灯"何解

这首词的第一句写道："醉里挑灯看剑"，"醉里"大家都懂，辛弃疾心情苦闷，因而饮酒。为什么会心情苦闷呢？因为他空有一腔热血却报国无门，他壮心未泯，所以饮酒消愁，接着在酒醉后"挑灯看剑"。

"挑灯"有两种解释。一种是把灯的灯芯挑亮，因为古人都点油灯，燃烧一段时间后光线会变暗，这时挑一下灯芯会使油灯重新亮起来。可能辛弃疾喝了酒，准备入睡，结果睡不着——他心里有一些激烈的情感在涌动，促使他要写首词。于是他在几案之上铺开了一方纸，挑亮灯芯，借着灯光看着挂在墙上的宝剑。也可能是辛弃疾把剑从墙上摘下来，"噌"的一声抽出半截，在油灯底下仔细擦拭查看。接着便是"梦回吹角连营"。还有一种解释，说"挑灯"指的是"挑起灯笼"，辛弃疾睡不着觉所以挑了一个灯笼，走到墙边去看挂着的那柄宝剑，这也说得通。

3. 豪放派的"白头发"

豪放派的词人特别喜欢写白头发。

岳飞："莫等闲，白了少年头，空悲切。"

陆游："塞上长城空自许，镜中衰鬓已先斑。"

范仲淹："人不寐，将军白发征夫泪。"

苏轼："故国神游，多情应笑我，早生华发。"

辛弃疾当然也不例外，他在这首词里写道："了却君王天下事，赢得生前身后名。可怜白发生！"

4. 古人的字

古人的名和字大多都有关系，比如辛弃疾，名"弃疾"，字"幼安"，"弃疾"就是远离疾病，"幼安"就是年少能够安康。这样的名和字的意思是相关、接近的，这一类的名和字也是最多的。比如同学们熟悉的张飞，字翼德，"翼"是翅膀，和"飞"是相关的；关羽，字云长，"羽"和"云长"也是相关的；刘备，字玄德，"备"和"德"都有"品德"的意思；曹操，字孟德，"操"和"德"也都是指"品德"。还有一些名和字的意思是相反的，比如韩愈，字退之，"愈"有"较好""胜过"的意思。当然也有名和字的意思是无关的，但是这一类非常少。

📘 拓展升华

在这首词里，梦境中的壮丽和现实中的悲凉形成了鲜明的对比，让人体会到这个才华横溢的词人，这个梦想驰骋疆场的"词坛飞将军"，在壮志未酬时的悲凉和寂寞，同时也撩动了我们每一个喜爱词、喜爱豪放词、喜爱辛派词、喜爱辛弃疾的读者的心。

📘 必考必背

马作的卢飞快，弓如霹雳弦惊。了却君王天下事，赢得生前身后名。可怜白发生！

📘 真题演练

1.阅读《破阵子·为陈同甫赋壮词以寄之》，完成（1）~（2）题。（2020年湖北省咸宁市中考题）

（1）下列对这首词的理解和分析，不正确的一项是（ ）。

    A.这首词是辛弃疾写给志同道合的朋友陈同甫的，"壮词"即豪放之词

B. 这首词上下两片共十句，节奏紧凑，写声绘色，形象生动

C. 上片实写军旅生活。看宝剑，听号角，分麾下炙，听塞外声，沙场点兵都是作者热爱的生活和抹不掉的记忆

D. 下片一、二句写马快弦急，战斗激烈，从侧面衬托了人的意气风发、英勇无畏，从气氛上向人们预示着战事的胜利

（2）诗多偶句，词则有奇句。以奇句作结往往能起到一种突出点化的作用。请赏析这首词的最后一句"可怜白发生"。

2. 阅读辛弃疾的《破阵子·为陈同甫赋壮词以寄之》，回答问题。（2018 年青海省西宁市中考题）

（1）虚实结合是这首词最突出的写法。词中除了"醉里挑灯看剑"外，请你找出另外一句实写的句子。

_____

（2）这首词抒发了词人怎样的思想感情?

_____

（答案见附录）

扬州慢

——昨日胜景不可追，而今嗟叹"黍离"悲

扬州慢

扫码听音频

[南宋] 姜夔

淳熙丙申至日，予过维扬。夜雪初霁，荠麦弥望。入其城则四顾萧条，寒水自碧，暮色渐起，戍角悲吟。予怀怆然，感慨今昔，因自度此曲。千岩老人以为有《黍离》之悲也。

淮左名都，竹西佳处，解鞍少驻初程。过春风十里，尽荠麦青青。自胡马窥江去后，废池乔木，犹厌言兵。渐黄昏，清角吹寒，都在空城。

杜郎俊赏，算而今、重到须惊。纵豆蔻词工，青楼梦好，难赋深情。二十四桥仍在，波心荡、冷月无声。念桥边红药，年年知为谁生！

📘 作品简介

名称:《扬州慢》

出处:《白石道人歌曲》

年代: 南宋

体裁: 词

📗 作者简介

作者: 姜夔,字尧章,号白石道人

生卒: 约 1155—约 1221 年

籍贯: 饶州鄱阳(今属江西)

成就: 擅长诗词,精通音律,是继苏轼之后又一难得的艺术文学全才

作品:《白石道人诗集》《白石道人歌曲》

📚 **背景介绍**

❧ **姜夔生平** ❧

1. "夔"的来历

古时候，孩子满周岁时，按照礼俗是要抓周的。"抓周"就是在床上放着各种各样的物品，然后让小孩自己去抓感兴趣的东西。古人认为孩子抓周时抓到什么东西，他的人生就可能跟这个东西有关。据说大诗人李白抓周时抓了一本《诗经》；钱钟书之所以叫"钟书"，是因为抓周时抓到了一本书；而姜夔抓周时抓到了一把乐器，所以他父亲觉得他和音乐结了缘，于是给他取名为"夔"。

"夔"和音乐有什么关系呢？"夔"是《山海经》中记载的一种上古异兽"夔牛"，它长得像牛，但是只有一条腿。相传黄帝得到了夔牛，用它的皮制成了一个鼓，用它的骨头制成了一对鼓槌。敲击这个鼓的时候鼓声响彻千里，能够震慑敌人、威服天下。姜夔的字"尧章"里的"章"就是乐章的意思，所以他的名和字都和音乐有关，姜夔的父亲给他取这样一个名字是希望他能在音乐方面有所成就。

2. 政治失意

姜夔擅长诗词，精通音律，可是参加科举考试屡试不中，在政治上困顿失意，未能做官，因此在漂泊漫游中度过了一生。姜夔最后在贫困交迫中死于杭州的西湖湖畔。

微课扫一扫

在古代，一辈子都没有考中科举的名人有哪些呢？首先是大家都熟悉的李白，因为有说法他是商人家庭出身，所以李白连参加科举考试的资格都没有；还有大词人柳永，柳永家族中只有他没有考上，五十多岁才考中进士，中恩科（科举制度中于正科外，皇帝特许的开科取士，参加者一般都能得中）；明清的吴承恩、蒲松龄也是一生未中科举。在古代，考中了秀才不算考中，因为科举考试正式的第一关是在省会城市举办的乡试，即考举人。

文学背景

1.《扬州慢》中的"慢"是什么意思

"慢"指的是"慢词"，是词的一种类别。词的分类方式和诗歌不太一样，诗歌常见的一种分类方式是按照每句几个字来分类。比如在古体诗（唐朝之前的诗歌叫古体诗，唐朝至清朝形成的诗歌体裁叫近体诗）中，曹操的《观沧海》每句四个字，叫四言古体诗；《十五从军征》每句五个字，叫五言古体诗；曹丕的《燕歌行》每句七个字，叫七言古体诗。近体诗分为绝句和律诗两类，一首绝句有四句，按每句的字数通常分为五言绝句和七言绝句。律诗按照篇幅可以分为普通律诗（八句）、排律（八句以上）和小律（六句），按每句的字数可以分为五言律诗和七言律诗。

诗歌按照每句的字数分类，而词则是按照总字数来分类。词刚产生不久的时候，大家写的词篇幅都不长，通常在五十八字以下，这叫作"小令"。后来宋朝出现了一位大词人柳永，他很会写词。人们常说"凡有井水处，皆能歌柳词"，意思是只要有井水的地方就有人能唱柳永的歌。柳永算是中国古代第一个真正意义上靠写作赚钱的文人。柳永写的词通常篇幅较长，于是在柳永的影响下，词就逐渐从五十八字以内的小令演变出了中调（五十九字至九十字）和长调（九十一字及以上）。

"某某慢"这样的"慢词"指的其实就是长调，其中最常见的慢词分为上下两阕（也可以叫上下两片）：上阕四大句，下阕四大句；上阕押四次韵，下阕押四次韵。

词又叫作曲子词、曲词，因为它是给曲子填的歌词。既然是歌词，首先就得有曲子。当时大多数的文人创作的词只是给已经谱好的曲填词，而姜夔则是自己谱曲。自己作词，这是很难得的。像姜夔这样自己作曲作词的大师还有北宋的柳永、周邦彦等。

词作的前面通常有一段词序，例如这首《扬州慢》的第一段就是词序。词序的作用是说明写作目的，交代创作背景。

2. 名人与扬州

江苏扬州古称广陵，又称江都、维扬。扬州的地理位置优越，夹在黄河和长江中间，多巨商大贾（gǔ）。司马光在《资治通鉴》中说"扬州富庶甲天下"，意思是扬州的富庶天下第一。有一个谚语称"扬一益二"，意思是论财富，扬州第一，益州第二。还有一句谚语是"腰缠十万贯，骑鹤上扬州"，这些都说明扬州是一个非常富庶的地方。

姜夔在一次路过扬州的时候创作了这首《扬州慢》，其中"杜郎俊赏"指的是晚唐"小李杜"中的杜牧。杜牧和姜夔一样也经常四处漂泊游历，写的诗非常哀伤，其中就有很多跟扬州有关。

《儒林外史》的作者吴敬梓也特别喜欢扬州。他晚年经常跑到扬州去向朋友要钱，因为他快要活不下去了。可是有一次吴敬梓到扬州后，却破天荒地请朋友们吃了一顿很贵的饭。大家都觉得很奇怪，吴敬梓不是已经成了穷光蛋了吗，怎么能请我们吃这么贵的饭？结果吴敬梓请朋友吃完饭，没过几天就去世了，等到大家发现他的时候，他的身上只有一张当票，这张当票是他把衣服当掉换钱的凭证。吴敬梓在吃饭的时候和朋友们说"人生只合扬州死"，意为扬州多美啊，人的一生就应该在扬州结束。没想到一语成谶（chèn），他竟真的死在了扬州。

人生只合扬州死！

吴敬梓

写作背景

　　姜夔路过扬州写下这首词的时候为什么会如此难过？因为他看到了扬州的一片萧条。以往繁华的扬州城为什么变得如此萧条破败呢？因为在公元1161年，发生了一件大事。

　　公元1161年，金国皇帝完颜亮率领六十万大军南下，企图灭掉南宋。六十万大军是什么概念？盛唐军队最多的时候全国有士兵约五十八万，安禄山一个人掌管十八万士兵，就已经敢造反做皇帝，金国六十万大军气势汹汹地打到扬州，结果可想而知。南宋兵败，金军入城洗劫，扬州城被毁。虽然后来完颜亮的军队败退了，但是因为经历了这场战争，扬州变得一片萧瑟、死气沉沉。姜夔路过这里，看到曾经繁华的城市现在四处长满荠草和麦子，由盛而衰，他自然感慨难过，于是"自度此曲"。这些背景在本词的词序和内容中都有交代。

📖 文本解析

扬州慢

淳熙①丙申至日②，予过维扬③。夜雪初霁（jì）④，荠麦弥望⑤。入其城则四顾萧条，寒水自碧，暮色渐起，戍角⑥悲吟。予怀怆（chuàng）然，感慨今昔，因自度此曲。千岩老人⑦以为有《黍（shǔ）离》⑧之悲也。

① 淳熙：宋孝宗的年号。

② 丙申至日：丙申年冬至日，即淳熙三年（1176年）。

③ 维扬：扬州的别称。

④ 初霁：雪方止，天刚晴。

⑤ 荠麦弥望：满眼都是荠菜和麦子。

⑥ 戍角：驻防部队的号角。

⑦ 千岩老人：南宋诗人萧德藻的自号。姜夔娶其侄女为妻，并跟他学诗。

⑧ 《黍离》：《诗经》中的篇名，首句就是"彼黍离离"。有观点认为这是周平王东迁以后，周大夫经过西周故都，悲叹宫室宗庙毁坏，长满禾黍，作了这首诗。因此，常用"黍离"来表示对国家昔盛今衰的庸惜伤感之情。

丙申年冬至这一天，我经过扬州。一场夜雪刚刚停止，放眼望去，全都是荠菜和麦子。我进了扬州城，环顾四周，到处都是一片萧条。河水碧绿凄冷，夜幕慢慢降临了，城中响起了凄凉的号角声，我的心里感到非常悲凉。感慨于扬州城今天和曾经的强烈对比，因此自己构思了这首曲子。千岩老人萧德藻认为这首词有《诗经》里面《黍离》那种悲凉的意味。

淮左①名都，竹西佳处②，解鞍少驻初程③。过春风十里④，尽荠麦青青。自胡马窥江去后⑤，废池乔木，犹厌言兵⑥。渐黄昏，清角吹寒⑦，都在空城。

① 淮左：今淮河以东地区，当时设置淮南东路。

② 竹西佳处：指扬州。杜牧《题扬州禅智寺》："谁知竹西路，歌吹是扬州？"

③ 初程：开头的一段路程。

④ 春风十里：指原本繁华的扬州长街。杜牧《赠别》中有"春风十里扬州路"的句子。

⑤ 自胡马窥江去后：自从金兵侵略长江流域地区、洗劫扬州之后。宋高宗在位时期，金兵曾两次南下。此处当指第二次。

⑥ 废池乔木，犹厌言兵：战乱之后池台荒废，古树残存，人们对敌人的那次侵扰，至今仍有余恨。

⑦ 清角吹寒：清越的号角在寒气中吹着。

淮水东面的扬州是座著名的城市，这里的竹西亭是个很好的去处，我刚到扬州就解下马鞍，稍做停留。当年那繁华的扬州长街，如今却寂寞地长着青色的荠麦。自从金国的军队侵犯长江流域以后，池台荒废，古树残存，人们对敌人的那次侵扰，至今仍有余恨。慢慢接近了黄昏，清越的号角在寒气中吹响，声音回荡在这座残破的空城。

杜郎俊赏①，算②而今、重到须惊。纵③豆蔻（kòu）④词工，青楼⑤梦好，难赋深情。二十四桥⑥仍在，波心荡，冷月无声。念桥边红药，年年知为谁生！

① 杜郎俊赏：这里指杜牧曾快意游赏扬州。

② 算：估计。

③ 纵：纵使。

④ 豆蔻：指美丽的少女。杜牧《赠别》中用"豆蔻梢头二月初"形容少女的美丽。

⑤ 青楼：妓院。杜牧在扬州时，经常与名妓来往，其《遣怀》曾言："十年一觉扬州梦，赢得青楼薄幸名。"

⑥ 二十四桥：指吴家砖桥，因古有二十四美人吹箫于此，故名。一说，扬州在唐时极为富盛，著名的桥有二十四座，故名。杜牧《寄扬州韩绰判官》有"二十四桥明月夜，玉人何处教吹箫"之语。

哪怕杜牧有那样出色的鉴赏能力，我估计他重到扬州之后也应该会感到惊异。纵使杜牧能极为工巧地描绘扬州的妙龄少女和青楼之梦，也很难书写此时内心的悲哀。传说中的扬州二十四桥依然还在，桥下的水波在荡漾，冰冷的月光照映在我身上，处处寂静无声，非常寂寞清冷。想那桥边的红芍药年年花叶繁荣，可知有谁欣赏为谁而生啊！

窦神解读

1. 千岩老人

本词词序里的最后一句写道："千岩老人以为有《黍离》之悲也"，千岩老人是谁？千岩老人本名叫萧德藻，是南宋著名的音乐家和词人，跟姜夔是好朋友。萧德藻认为，《诗经》里面有一首叫《黍离》的诗与姜夔写的眼前繁华不再、满目萧条的扬州十分契合，都有一种悲凉的味道。《扬州慢》这首词写于公元1176年，那个时候姜夔大概二十二岁，可是姜夔认识千岩老人的时候年纪已经很大了，所以可以断定这首词的词序不是姜夔最初写的，而是他后来加上的。

2. 胡马

本词上片写道："自胡马窥江去后"，"胡马"是什么意思？

"胡马"指少数民族的军队。中国古代对中原地区外的其他民族的称谓和其所在的地域方位有很大的关系：西北方向的叫匈奴，东北方向的叫胡，北方的叫狄，南方的叫蛮，西方的叫羌，东方的叫夷，东南方的叫倭……每个方位基本都有一个固定的叫法。洗劫扬州城的金军是女真族，正好来自中原地区的东北方向，所以"胡马"一词用得非常准确。

3. 扬州"昔盛今衰"

昔日名都——淮左名都、竹西佳处、春风十里。

今日空城——荠麦青青、废池乔木、二十四桥、冷月、红药、清角吹寒。

本词写"《黍离》之悲"，从地点景物的对比中就能明显看出扬州城的昔盛今衰。过去是"淮左名都""竹西佳处""春风十里"，说明扬州曾经是一座著名的大都市，竹西亭是绝美的去处，街道无比繁华热闹。现在却变成了"荠麦青青""废池乔木"，扬州二十四桥虽然还在，但是在凄冷月光的映照下却显得那么悲凉寂寞，再加上那桥边空空长着的、无人欣赏的红芍药……这一幕幕的景物对比让我们看到了一个昔日繁华的城市变得破败不堪，不禁和作者一样悲从中来。

4. "淮左"

姜夔在词中说扬州是"淮左名都"，从地图上来看，扬州在淮水的东边，那么按照"上北下南、左西右东"的规律，扬州应该叫"淮右名都"才对，为什么"淮左""淮右"的说法跟今天相反呢？

其实，这是因为中国古代地图方向的标准与现在有所不同。明朝，在西方的经纬度制图法传入中国以后，中国才开始统一"上北下南、左西右东"的制图标准，而在此之前并无统一标准。从考古发掘的古地图来看，明朝以前的地图以"东南西北"四个方向为"上"的情况都有，其中绝大部分是"上南下北、左东右西"。为什么"上南下北"的地图最多呢？这可能与地图的用途有关，古代的地图多是供帝王或者官员使用的，他们在房屋中往往是"坐北朝南"的，这样一来"上南下北"的地图方向就刚好和实地方位一致了，查看起来更加方便。

所以，在淮水东边的扬州在宋朝被称为"淮左名都"也就不奇怪了。

📘 拓展升华

姜夔的《扬州慢》是历代词人抒发"《黍离》之悲"而富有

余味的罕有佳作，是今昔对比写得最好的一首词。情景交融是这首词最显著的一个特点，全词用今昔对比的反衬手法来写景抒情，下片又以乐景写哀情，使得悲伤苦闷的情感随着景物的转换逐步加深，表达自然而且余味深长。从这首词中，我们也可以看出姜夔是个少年老成的人，二十二岁就有与年龄不相符的成熟。

必考必背

二十四桥仍在，波心荡，冷月无声。念桥边红药，年年知为谁生？

真题演练

阅读《扬州慢》，回答 1 ~ 3 题。（2018 年内蒙古某高中月考题）

1. "淮左名都，竹西佳处"，写了昔日_____；而"过春风十里，尽荠麦青青"，则写出_____，这是运用了_____手法，抒发了词人_____之情。

2. "废池乔木，犹厌言兵"一句运用了什么艺术手法？有什么表达效果？

_____

3. "杜郎俊赏，算而今重到须惊"一句在结构上起什么作用？

_____

（答案见附录）

附录　真题演练答案

《蒹葭》

1. 那位我日思夜想的心上人，好像就在这河水边上。（意思相近即可）

2. D

《关雎》

1. 本诗表现了一个男子对一位姑娘的思慕、爱恋之情（追求过程中求之不得的焦虑和求而得之的喜悦），表达了诚挚、热烈、健康的美好情感。

2. B

《短歌行》

1. C

2. D　厌：满足。

3. 同意。这首诗是曹操诗歌中具有代表性的言志之作。全诗通过对时光易逝、贤才难得的再三咏叹，抒发了曹操求贤若渴的感情，表现出统一天下的雄心壮志和自强不息的进取精神。（言之有理即可）

《归园田居（其一）》

1. C

2. D

3. D

《木兰诗》

1. C

2. 放弃功名；尽快回归故里，与家人团聚。（含义相近即可）

《行路难（其一）》

1. D

2. C

3.

（1）"顾"意思是"看"。"济"意思是"渡过"。

（2）"像姜尚垂钓碧溪，闲待东山再起，又像伊尹做梦，乘船经过日边。"诗人借用姜尚和伊尹的典故，表达了希望得到统治阶级的重视和任用，施展才华和抱负的思想感情。

《将进酒》

1. C

2. A

《黄鹤楼》

1. A

2. B

《茅屋为秋风所破歌》

1. C

2. 表现了诗人舍己为人（推己及人）、忧国忧民的高尚情怀。（意思相近即可）

《闻官军收河南河北》

1. B

2. 甲诗中的眼泪是因为诗人看到国家沦丧, 城池破败, 百姓离散, 到处一片衰朽景象, 内心无比伤痛悲愤而伤心垂泪, 这泪是伤心之泪;

乙诗中的眼泪是因为诗人听到官军取得战争胜利消息后, 内心无比激动和喜悦而落泪, 这泪是欣喜之泪。(意思相近即可)

《白雪歌送武判官归京》

1. C

2. 依依惜别和无限惆怅之情。

3. 以春景写冬景, 运用比喻、联想的手法, 既写出诗人欣喜之情, 又表现了边塞特有的奇异风光。

《锦瑟》

1. 庄生晓梦迷蝴蝶, 望帝春心托杜鹃。

2. D

《江城子·密州出猎》

1. D

2.

(1) 左牵黄, 右擎苍 ("动作描写"亦可) 壮观的出猎场面。

(2) "亲射虎", 作者以孙权自喻, 表示也要像孙权那样亲自挽弓射虎, 表现其英雄豪气 (少年狂气)。

"遣冯唐", 作者以"魏尚"自比, 表示可以为国戍边, 表达了作者希望得到朝廷重用、奔赴边疆、杀敌报国的爱国之情。

"射天狼"，喻指打败侵扰边境的西夏军队，表达作者报效国家、关怀国家命运的爱国精神。

《破阵子·为陈同甫赋壮词以寄之》

1.

（1）C

（2）结语只有五个字"可怜白发生"，一方面表明了前面所描述的年轻时的经历现在只是一种追忆；另一方面感慨自己年事已高，壮志未遂。现实与上文的梦境形成鲜明对照，变雄壮为悲壮，充满了作者壮志不遂的抑郁、愤慨。

2.

（1）可怜白发生！

（2）抒发了词人渴望杀敌报国的雄心壮志，（同时）也表达了词人壮志难酬、报国无门的痛苦和愤慨（一腔悲愤）之情。（意思相近即可）

《扬州慢》

1.扬州的繁盛 昔日繁华长街如今一片荒凉 对比 对国事的痛惜伤感。（意思相近即可）

2.用了拟人修辞。"废池乔木"这样的无情之物怎会"厌言"呢？作者借此写出了扬州人民的痛苦，并对此表示同情。

3.承上启下。